冰雪运动教程

刘志红　贾绍华　主编

人民体育出版社

图书在版编目（CIP）数据

冰雪运动教程 / 刘志红，贾绍华主编 . -- 北京：人民体育出版社，2021

ISBN 978-7-5009-5997-7

Ⅰ . ①冰… Ⅱ . ①刘… ②贾… Ⅲ . ①冰上运动－教材②雪上运动－教材 Ⅳ . ① G86

中国版本图书馆 CIP 数据核字 (2021) 第 034460 号

*

人 民 体 育 出 版 社 出 版 发 行
北京中献拓方科技发展有限公司印刷
新 华 书 店 经 销

*

787 × 1092 16 开本 10.5 印张 228 千字
2021 年 11 月第 1 版 2021 年 11 月第 1 次印刷

*

ISBN 978-7-5009-5997-7
定价：47.00 元

社址：北京市东城区体育馆路 8 号（天坛公园东门）
电话：67151482（发行部） 邮编：100061
传真：67151483 邮购：67118491
网址：www.sportspublish.cn

编委会

前 言

本教材于2019年5月得到河北省体育局的批准立项，是在河北省体育局的大力支持下编写而成的。也是河北省体育局为响应习近平总书记关于大力开展冰雪运动的指示，落实《关于以2022年北京冬奥会为契机大力发展冰雪运动的意见》，实现省委提出的“大力普及冰雪运动，推进冰雪运动进校园、进公园、进社区，力争2022年全省参与冰雪运动人数达到3000万”的目标任务，开展冰雪运动进校园的具体举措之一，同时也是一本适合于高校开设冰雪课程的实用性教材。《冰雪运动教程》编写的启动是满足人们对冰雪运动需要，落实省委要求，坚决贯彻“四个办奥”方针和“五个着力”要求重要指示精神的具体行动。

本教材以进一步落实冰雪项目进校园目标要求为重点内容，站在满足教学需求的角度，期望能够解决高校教师开设冰雪运动课程对教材的需求。本教材立足于创新的思路：教材定位于高校冰雪课程，内容包括真冰、真雪、旱冰和旱雪四部分，在内容体系、课程设置、基于需求解决问题、教材教育价值、教师教学服务、图文视频二维码相结合等方面进行创新研究，并以二维码的形式加载可视化冰雪技术教学，属于典型的应用型教材。教材力求面对河北现实，在广泛征求高校师生意见的基础上，在用得上和针对性强上下功夫。针对目前高校学生大多数为零基础的状况，书中为教师提供了不同学期的教学大纲，教学进度和典型教案的范例，既能满足高校教师开设冰雪课程的教学需求，又能满足高校学生自我学习、自我成长的需要。同时，教材内容将轮滑、滑轮、滑雪和滑冰运动的基本技术技能进行了系统梳理，为轮转冰、轮转雪提供了切实可行的操作程序，为在高校开设冰雪课程提供了理论与实践依据。

本教材由河北师范大学体育学院刘志红教授、河北师范大学公共体育教学部贾绍华副教授担任主编，河北师范大学公共体育教学部王雁红、河北师范大学体育学院赵丽娜副教授、河北师范大学体育学院马冀飞副教授担任副主编，主编刘志红教授承担本教材拟定编写框架与目录、修改与补充、组稿与审稿工作。

具体编写分工如下：第一章，刘志红（河北师范大学体育学院）、白柳珉（河北师范大学体育学院）、韩馨仪（河北师范大学体育学院）、王淑英（河北师范大学体育学院）；第二章，贾绍华（河北师范大学公共体育教学部）、田国俊（河北省体育局冬季运动管理中心）；第三章，赵丽娜（河北师范大学体育学院）、赵丽姗（河北经贸大学体育部）、冯利强（哈尔滨市冬季项目运动中心）；第四章，马冀飞（河北师范大学体育学院）、王东（河北省体育局冬季运动管理中心）、刘建北（河北省体育局冬季运动管理中心）、张萌萌（河北师范大学体育学院研究生）、杨萍萍（河北师范大学体育学院研究生）；第五章，王雁红

（河北师范大学公共体育教学部）、张环宇（空军航空大学航空基础学院航空体育系）、赵华（河北体育学院）、杨佳季（河北师范大学体育学院）；第六章，田惠林（河北师范大学体育学院）。

本教材的编写和出版得到河北省体育局、河北省大学生体育协会、河北师范大学各位领导和专家的大力支持和指导，在此表示衷心的感谢！

本教材技术动作图片与视频由冯利强、田国俊、王福秋、邢博示范。在教材编写的过程中，参考、引用了与本领域相关的文献研究资料，在此对原作者表示感谢！

由于编者水平有限，教材中难免有不足之处，敬请读者批评指正。

编　者

2020年8月16日

目 录

第一章 冰雪运动课程概述

体育运动是培养大学生身心和谐不可或缺的工具。因此，现代奥林匹克运动的先驱者、法国教育家顾拜旦以体育运动来“教育全世界的青年”，实现其改造社会的崇高目标。

体育课程是学校中体育教学科目和活动，具体指学校中有计划、有目的的体育课和课外体育活动。

体育课程的本质是育体，以身体练习、运动技术学习为手段，以培养学生运动技能为目的。运动技术是体育课程内容构成的要素，使学生掌握运动技能既是体育课程的手段也是体育课程的目的，体现出手段与目的的同一性。

开设冰雪运动课程的目的也在于此，既要使学生掌握冰雪运动技能，还要使学生了解掌握有关冰雪运动的基本知识，同时也要通过冰雪运动课程培养学生终身体育的意识，为高校学生离开学校后还能继续从事冰雪运动打下坚实的基础。

随着人类的发展，社会的进步，冰雪的价值被发现、被利用、被开发，冰雪价值得到释放。它服务于人类，造福于社会，并成为一种重要的教育手段逐渐被重视。冰雪被人类开发、利用的过程，也是冰雪价值释放不断完善和提高的过程。现今，冰雪运动在人们的生活中被喜欢、被推崇，反映出的是人类对自然界事物的认识在逐步深刻。

在学校中开设冰雪运动课程，是充分利用了冰雪运动的特殊性价值，进一步揭示冰雪从一种客观存在的自然现象、资源现象、物质现象到怎样被认识、被利用、被开发，从自发利用到怎样自觉利用，从一般直接开发利用到怎样走上文化开发、经济开发、产业开发、科学开发的道路，从而实现了冰雪价值的充分释放；还提示了冰雪作为人类可利用、有价值的循环经济资源，可以通过冰雪开发利用走上为创造人类现代文明、为繁荣经济和促进社会发展，为打造新的经济产业形态和牵引经济结构调整，为落实科学发展观、可持续发展战略、促进循环经济服务的道路。

同时，在学校中开设冰雪运动课程，是利用制度化的课程规范，在具有充分的时间、场地、师资和系统教学内容的前提下，让学生掌握冰雪运动的基本知识和基本技能，使其在冰雪运动中体验乐趣、增长知识，为提高健康水平服务，进而充分利用冰雪运动的特殊性价值，为实施教育活动和人才的培养服务。

第一节　冰雪运动理论知识

一、冰雪运动的起源

（一）我国古代冰雪运动的本源追溯

我国对于冰雪运动的本源可以追溯到远古时期。

《隋书·列传·卷四十九》“契丹室韦”条有记载：“南室韦北行十一日至北室韦，分为九部落，绕吐纥山而居……地多积雪，惧陷坑阱，骑木而行，俗皆捕貂为业，冠以狐狢，衣以鱼皮。”南、北室韦皆为我国古代东北部少数民族，在北方严寒、积雪甚深的地理环境下，当地人创制“骑木而行”这一安全省力的交通方式。可以想象，农牧民驾驭木制滑雪工具，在林海雪原间行走、狩猎、游戏的风采。

《新唐书·列传·卷一百四十二》“回鹘下”条云：“木马突厥三部落……其酋长皆为颉斤。桦皮覆室，多善马。俗乘木马驰冰上，以板藉足，屈木支腋，蹴辄百步，势迅激。”相比《隋书》的平铺直叙，《新唐书》这段绘声绘色的记录文字，为我们提供了更为丰富的资讯。“乘木马驰冰上”较之“骑木而行”，不仅形象具体，在骑乘舒适度和速度方面，也有所改进。“以板藉足，屈木支腋”这分明是现代滑雪板、滑雪杖的前身。“蹴辄百步，势迅激”极具动感的高速运动，使其进化为体育竞技成为可能。

据《宋史·礼志》记载，当时的皇帝就喜欢冰上的娱乐活动，在后苑里“观花，作冰嬉”。宋以后，冰上运动更为兴盛。元代人骑木的解释即是滑雪、滑冰，当时人们还把它用在交通运输方面。

据文献记载，明熹宗五年（1625年）正月初二，东北建州女真的首领努尔哈赤在太子河上举行了一次盛大的冰上运动会，他进行的第一个项目是冰球，然后又进行花样滑冰表演。当时规定，凡是冠军获得者赏银20两，亚军10两，这在中国历史上是有文献记载的第一次冰上运动会。

由《养吉斋丛录》一书可知，参加冰嬉的士兵皆从八旗与内府三旗挑选，脚穿冰鞋。比赛时，皇帝亲临冰床（一种冰上交通工具），侍卫于冰床二三里外竖大旗，参选士兵列队旗下，令下，争相朝御座奔驰，及近，抓住御前侍卫停止，按到达先后顺序行赏，分头等奖和二等奖，这叫“抢等”。继曰抢球，兵分左右队，左衣红，右衣黄，众兵争抢一球。

此外，《皇朝文献通考》记载有冰上“较射”表演。《清稗类抄·技勇类》又记载了一种叫“旗兵打滑挞”的运动。寒冬时节，于禁中，制成三四丈高的人工冰山，让表演者穿上带毛猪皮鞋，从冰山上直立而下，至地不倒者为胜，其险难可想而知。

我国最早的冰刀是用牲畜的胫骨制作的，多采用马骨。随着生产力水平的提高，相继出现了木制的冰鞋和镶铁木制冰鞋，到了清代后期我国的冰刀已是铁制的了。我国古代滑冰技艺最初仅是一些冰上杂耍，到了清代滑冰运动有了速滑和花样之分。清代把速滑分为“官趟子八式”，即初手式、小晃荡式、大晃荡式、扁弯子式、大弯子式、大外刃式、跑冰式和背手跑冰式。此后，由于连年的战乱，速度滑冰始终没有作为正式的体育比赛项目发展起来。

（二）现代滑雪与滑冰运动的起源与发展

1.现代滑雪运动

据史料记载，滑雪最早起源于寒冷多雪地带。为适应环境及求生避险，居民们发明了雪上交通工具——滑雪板、雪橇及滑雪鞋等。人类面对茫茫大雪要出去打猎，雪过腰身后，必然要把木板等工具绑在脚下行走，雪橇等滑雪工具也逐渐成为人类的生活工具，人们在行走中滑动，加快了移动的速度，解决了人类在高寒地带生存和生活中的基本问题。由此逐渐演化成滑雪运动。

众多研究表明，中国新疆阿勒泰是人类滑雪运动最早的起源地。专家们通过当地的文物、岩画等历史遗迹发现，早在1万年前的旧石器晚期，阿勒泰就已经出现了早期的滑雪运动。目前阿勒泰作为人类滑雪发源地这一观点再次广泛得到国际公认。阿勒泰既是世界滑雪文化的起源地，也是中国滑雪文化的起源地。我国东北的鄂伦春人、赫哲人，西北的哈萨克人均擅长滑雪，凭滑雪技术狩猎、运输。可见，我国冰雪运动的文化传统是非常古老、非常悠久、非常深厚的。

滑雪是最基础、最古老的雪上运动。“ski”一词意始于古挪威语skith，为“雪鞋”之意，指形如窄木舟的滑雪板。而现代滑雪运动起源于斯堪的纳维亚国家。斯堪的纳维亚国家早在1901年就举办了以雪上项目为主的北欧运动会。如今，挪威、瑞典等斯堪的纳维亚国家滑雪运动的整体水平仍然比较高。14世纪，滑雪成为挪威的国技；在14～16世纪，北欧诸国的芬兰、挪威、瑞典及俄国都曾利用滑雪作战；1780年，挪威人努尔哈木利用软条制成两侧内弯的滑雪板，形成现代竞技滑雪板的雏形，拉开了竞技滑雪运动的序幕。

我国在现代滑雪运动和竞技雪上运动方面起步较晚，20世纪50年代才开始出现第一批雪上项目专业运动员。由于场地等限制，早期我国雪上运动发展也比较慢。1980年，我国首次派团参加冬奥会，一直到2006年，韩晓鹏才为我国赢得第一枚冬奥会雪上项目金牌——自由式滑雪空中技巧金牌。

2.现代滑冰运动

冰上运动首先是从滑冰开始的。早在新石器时期便有了滑冰活动。当时的人们只是把它作为一种冬季冰上劳动的技能手段——交通和狩猎的工具，以获取必要的生活资料。在欧洲，关于滑冰最早的记述是公元936年。那一年有一个荷兰滑冰者在冰上遇害。在伦敦某地，人们曾挖掘出古代滑冰遗物——滑木，据考证，滑木是12世纪的东西。欧洲13世纪的绘画中，已出现用木头和骨头制作冰刀在滑行的人像。

1742年，世界上最古老的滑冰俱乐部在英国成立。1809年英国出版了世界上最早的有关滑冰的书籍。1814年，最早的滑冰比赛在英国举行。1850年，钢制冰刀问世。从此，滑冰运动开始得到飞速的发展，产生了以竞速为目的的速度滑冰比赛。伴随着人类社会的发展，滑冰运动逐步分化出一些以游戏和娱乐为主的冰上活动，如花样滑冰、冰球等。国际性速滑比赛，始于19世纪末。在荷兰的阿姆斯特丹举行了第1届国际速滑比赛，有荷兰、挪威等13个国家参加，并商定以后每年举行1次世界性比赛。1892年，正式成立了国际滑冰联盟，它负责组织比赛的项目有速度滑冰和花样滑冰，并规定每年举行1次世界男子速滑锦标赛。1893年，举办了第1届世界男子速滑锦标赛；1936年，举办了第1届世界女子速滑锦标赛。1924年，第1次举行冬季奥运会，冰上比赛项目设有男子速度滑冰和冰球；1960年，增加了女子速滑比赛项目。

二、冰雪的自然特性及冰雪的价值与利用

（一）冰雪的自然特性

冰雪是寒冷气候的产物，是大自然最迷人、最珍奇的杰作之一。冰雪资源是一个复合概念。从总体上讲，包括冰和雪两个部分；从时间上划分，包括长年性冻结冰与永久积雪、季节性冻结冰与季节性积雪两大部分。从冰雪资源的基本特性来看，包括地域性、时间性和周期性、资源规模的限定性及有限的可再生性，以及多重物理特性四种。

1.地域性

冰雪是在寒冷地区，在严寒的气候条件下形成的。仅限于地球上两极及中高纬度地区，主要集中分布在部分国家和地区。冰雪资源就变成了一种地域性优势资源。

2.时间性和周期性

地球上除了两极及高山地区外，其他广大的中高纬度地区大气候的时间性、周期性变化非常明显，季节规律较强，一年呈明显的春、夏、秋、冬四季变化，且仅在冬季严寒气候条件下，才可以有冰雪资源形成。

3.资源规模的限定性及有限的可再生性

在目前的科学技术水平下，人类还不能够影响地球大气候运行规律。因此，也就不能够影响地球上冰雪资源的总体状况，包括地域分布、时间变化、规模总量等。所以，无论从总体上还是从地域上讲，冰雪资源都是有限的，在一定的周期内是不可再生的。虽然冰雪资源生成的周期性，可实现冰雪资源的再生，但这种再生，无论从时间上还是从规模上都是有限的。此外，由于冰雪是在特定的温度、湿度条件下形成的，在现有的科学技术水平上，人类虽可以通过模拟环境条件，小规模、有限地再生一部分冰雪资源，但这同大自然形成的资源规模相比微乎其微。因此，从总体上讲，冰雪资源总体规模是有限的，虽可再生，但是有条件的有限的再生。

4.多重物理特性

冰雪具有多重的物理特性，可供人类从多个角度进行开发利用。冰和雪的多重物理特性主要表现在有独特的形态特征和一定的景观效应。冰，结晶、透明，给人一种纯洁的美感；雪花，玲珑多姿；雪，洁白、晶莹。在物理性能上，有较强的可塑性，可以进行多种形式的物理加工和形态的转化。此外，冰雪还具有一定的冷藏功能。

（二）冰雪运动的价值

1.冰雪运动的教育价值

体育运动项目繁多，功能各异。冰雪运动之所以能独树一帜，形成与夏季奥运会平分秋色的冬奥会，从根本上来看，是其具有自己独特的教育价值。

首先，冰雪运动开拓了体育教育的时空。冬天，寒风凛冽，万物萧索，冰天雪地。低温的天气、湿滑的冰雪成了户外活动的“天敌”，人们不得不将自己裹得严严实实，就是走路也得处处小心，防滑防摔。于是，活跃一时的夏季运动项目或转入室内，或干脆暂停，大地一片沉寂。我国北方素有“猫冬”一说，形容人们“猫”在室内过冬的生活状态之沉闷。冰雪运动打破了冬天的沉闷，给蜷缩室内的人们，特别是天性好动的青少年提供了一展英姿的用武之地。冰雪运动神奇地化“敌”为友，将禁锢人们活动的冰雪，变为纵横驰骋的运动平台，使体育运动由季节性的伙伴成为一年365天全天候的伴侣，变“猫冬”为“动冬”。体育时空的拓展，为青少年参与体育提供了更多的机会。冰雪运动具有其他体育运动项目无法替代的教育价值，冰雪项目在世界范围迅速普及开来。

其次，冰雪运动有效地培养着人们的审美能力。冰雪运动以洁白的静态的冰雪为背景，画出了一幅多彩的动态的图画。在冰雪运动中，美无处不在，美不仅体现在运动服装的色彩、运动器具的样态、活动场地的设计这些体育运动的共性特征上，更体现在借助冰雪的特性将人的形体之美、运动之美演化到极致的运动方式上。且不说花样滑冰这些以美为目标的项目，呈现在世人眼前的一个又一个诗意境界，就是挑战极限的项目，如被人们称为“没有翅膀的飞行”的高台跳雪也对美有高标准的要求。这个项目不仅要求运动员滑得快、飞得远，以获得“距离分”，还要求他们飞得稳、飞得美，以获得“姿势分”。于是运动员在高速滑行中跃起后，身体前倾几乎与滑雪板平，两臂夹体侧，身体稳定，风度潇洒，在空中划出一道优美的抛物线，这是美育价值的体现。

2.冰雪运动的健身价值

冰雪运动首先能提高神经系统的调节，特别是体温的调节。当冷空气刺激人体时，在中枢神经的作用下，皮下血管可充血、加快血液流动速度，这样经常坚持锻炼能增强人体抗寒能力。其次，促进呼吸系统调节，促进血液循环。这是因为它和滑雪的姿势为“骑式”、滑雪的环境为山区，以及高低起伏造成的滑雪速度变化有关。此外，能极大地提高人体平衡能力。由于地形及速度的变化，冰雪运动者必须随时用急转、急停、空中动作的变化来适应，这就能提高大脑皮质和前庭器之间对各种信息迅速建立新的联系的能力，提高各个器官的生理功能。雪上运动还能锻炼人坚韧不拔的意志，培养勇敢、顽强、果断的性格，使人心胸开阔，以锻炼机体对自然环境的适应能力尤其是抗寒和耐寒能力，提高身体抵抗力，对预防感冒等疾病有积极作用，而且能增强心血管和呼吸系统机能，促进新陈代谢。所以，冬季坚持冰雪运动锻炼的人，很少患伤风和呼吸道感染等疾病。此外，经常从事冰雪运动的人还能使下肢骨骼、关节、肌肉得到较好的锻炼，并能显著提高平衡、灵敏和协调性以及勇敢顽强和坚韧不拔的意志品质，因此，对人们具有很好的锻炼价值。

3.冰雪运动的经济价值

冰雪运动让人们有火一般的激情与冰一般的冷静。冰雪运动充满挑战，怯懦者难窥其堂奥。就速度而言，只有在冰雪运动中，人们才可获得其他运动中没有的高速体验，如钢架雪车（Skeleton）时速可超过129公里，高山滑雪（Alpine skiing）130公里，雪橇（Luge）140公里，雪车（Bobsleigh）更是可达150公里的时速，没有些胆气，是不敢从事这些具有独特魅力的运动项目的。冰雪运动又偏爱青少年，是专为血气方刚、具有英雄气概的青少年打造的。借助冰雪的力量，青少年们获得陆上运动达不到的速度、高度，做出陆上无法完成的旋转、翻腾、跳跃。冰雪运动让他们享受到陆上运动项目所没有的美妙体验，给予他们只有冰雪运动才有的乐趣和激情，激发他们的想象力和创造力。但是，只有激情，只有勇敢，也玩不了冰雪运动，有勇无谋的莽汉只会摔得鼻青脸肿。冰雪运动还要求头脑冷静。无论是滑冰、滑雪、冰球、冰壶、冬季两项、雪车和雪橇，都是运动者通过器具在冰雪上滑动完成的。在光滑的冰面和雪道上能否做出所需要的动作，动作效果如何，取决于能否恰当地处理人与器械及冰雪三者间的关系，难度大大高于陆上运动。练习者须时时刻刻控制自己的身体。在速度滑冰中根据自身的条件，选择合适的蹬冰角度、力量和频率；在花样滑冰时选择正确跃起的方向、高度、转速和落地角度。冰雪运动多在高速且充满变化的过程中完成，注意力稍不集中、动作稍有犹豫，勇气稍有不足，都会导致动作的失败。于是，冰雪运动不仅可让人们勇敢、沉着、自信、自制，而且促使他们在参与过程中感受自我、认识自我，进而开发自我。

4.冰雪运动的环保价值

冰雪运动还让人们关注自然、关爱环境。冰雪，不仅是滑冰滑雪者需要驾驭的对象，更是合作的朋友。练习者只能顺其规律而动，不能逆其规律而为。但是与冰雪打交道、交朋友并非易事，需要仔细观察、研究和体会，才能熟悉冰雪的脾气。如滑雪者不仅要熟悉雪道的高度、宽度、长度、坡度及走向，还要会辨别雪的状态。大自然中雪有各种形态，如粉状、片状、泥状、冰状等，人工雪场的雪也会因气温、地貌、海拔及使用强度的不同而变化，只有正确判定雪情，才能采取相应的措施，如是否给滑雪板打蜡，打何种类型的蜡等。冰雪运动让人与自然结为一体，从环境伦理观的角度去重新认识环境，感悟自然，将对自己生命的热爱推演到对环境的关怀。

5.冰雪运动的经济价值

冰天雪地易成为一个地区经济发展的制约因素，但是在当下应当重新审视冰雪资源的可开发性、可利用性，充分认识冰雪旅游资源的独特经济价值，特别是要把握发展冰雪旅游对促进经济社会发展的重要意义。发展冰雪旅游有利于促进当地脱贫致富、产业转型升级。如黑龙江的雪乡，此前主要是从事林业伐木，在国家实施林业生态保护工程后，通过大力发展冰雪旅游，如今已从一个偏僻的小山村一跃成为全国闻名的冰雪旅游休闲度假地，游客纷至沓来，在旅游旺季往往一房难求，实现了当地居民增收致富和产业转型升级。冰雪旅游的目的地需要得天独厚的自然条件，而这些地方往往都处在我国较为偏远、经济发展相对落后的地区，因此把冰雪旅游和旅游扶贫结合起来，是因地制宜的做法。

（三）对冰雪资源的开发与利用

1.制冰技术的出现

对于冰雪的利用，自然会想到它的制冷特性。人类利用冰雪制冷的历史可以追溯到数千年前，“冰窖”就是古人发明的制冷技术之一。人们冬天将冰块存储在地窖里，然后把不易储存的食物与冰放在一起来延长保质期，也可以在炎热的夏季享受到冬天的凉爽。这样的制冷方式直到清代仍被人们广泛使用。

19世纪30年代，冰箱的出现开启了人类制冷技术的新篇章，从此迈入了机械制冷的时代。

制冰技术的发展使人们常年玩冰成为可能，室内冰场应运而生。

室内冰场是在室内地板上铺设制冷管道，这些制冷管道连接着制冷机，工作原理类似冰箱。完成制冷管道铺设后，场内注水，将制冷管道浸没在水中，然后启动制冷。所有水都凝结成冰后，再用专业的机器清理冰面，室内冰场就制作完成。

2.造雪技术的出现

雪是由大气中的水蒸气形成的。当温度下降时，水蒸气凝结成微小的水滴，当温度降低到一定程度时，水滴会变成微小的冰晶。大量的冰晶集结在一起达到足够重时它们就会落向地面。在它们坠落到地面的过程中，如果空气持续低温，当它们到达地面时我们看到的就是雪花。

第一台人工造雪机的诞生。1950年位于美国康涅狄格州的一家从事滑雪设备制造业的米尔福得泰公司因冬季降雪量减少，公司业务遭受了冲击。于是他们便想办法制造出了世界上第一台可以将细小的水滴冻结成六角形的晶体，从而形成雪花的机器。造雪机主要分为两种类型。一种是压缩空气型造雪机。它是通过冷水和压缩空气来形成细小的水滴，产生晶核，并结合较大水滴或空气中的水分形成雪花。另一种是风扇型造雪机。它使用简单的喷嘴来雾化水，使之成为细小的水滴，并使之冷却和凝固，形成雪花。

第二节 冰雪运动文化在我国的传承与发展

冰雪文化是生活在寒冷地区的人类，为了求得生存和发展，在同寒冷的气候环境条件斗争中，逐渐创造的“生存式样”系统，是一种地域性的民俗文化。

冰雪文化的内容也是非常广泛的，有冰雪科学、冰雪艺术、冰雪旅游、冰雪经贸、冰雪饮食、冰雪商品等，而冰雪运动是冰雪文化中重要的组成部分。

一、早期冰雪文化的形成

我国被誉为人类滑雪活动的起源地。早在唐代初期，就有文献记载当时滑雪的场景。《隋书》记曰：“地多积雪，惧陷坑阱，室韦人，骑木而行。”

我国北方地区的冬季天寒地冻，原住居民经过长期的探究和摸索，合理利用冰雪环境与冰雪天气融合，改变生活、生产方式，创立了新的民生民俗习惯。不同的民俗冰雪活动，代表着不同民族的特点，在民间，比较通俗的、大众化的冰雪运动有抽冰枲儿、冰爬犁、狗拉雪橇等。而各地域、各民族都有独具特色的冰雪活动，如哈尔滨冰雪节，长春的冰雕、雪雕，查干湖冬季捕鱼，内蒙古的冰雪那达慕大会等，具有民族特色，同时还具有冰雪特征，形成了冰雪运动的民俗文化。

二、冰雪运动文化的发展

近现代以来，西方国家的工业革命正开展得如火如荼，冰雪运动也得到了长足的发展。受其影响，我国也顺应潮流，于1935年首次在北京举办了华北冰上运动会，此后，于1943年和1947年分别在延安和天津举办了冰上运动会。该阶段，在外力的推动下我国滑雪文化呈现出被动式的发展态势。

与冰上项目同体的雪上项目在中华人民共和国成立后也开始逐步崛起并在世界竞技舞台上崭露头角，闪现新的光芒。1951年1月24日，在吉林省举办了第一次全国性滑雪盛会。1955年，引进苏联编写的滑雪技术教材。1959年，国家体委邀请俄罗斯滑雪队来中国进行讲学。1957年，我国在吉林省通化市举办首届全国滑雪比赛。该时期，我国雪上项目的发展受社会环境的影响，仅仅局限在滑雪训练和比赛，参与人数较为小众，未波及全国范围。

1978年以后，我国冰雪运动纷纷踏出国门，走向世界的舞台。1986年，我国参加在日本举行的第1届亚洲冬季运动会，十年之后中国哈尔滨成功举办第3届亚洲冬季运动会。洲际性比赛的热身为我国踏入国际性的比赛奠定了基础。在法国举行的第16届冬奥会上，我国共摘得3枚银牌，且均来自冰上项目的速度滑冰和短道速滑。随着竞技比赛中冰上项目优势的凸显，我国大众冰上运动的参与人数也逐步增加。特别是近年来，伴随消费理念的转变及消费结构的升级，冰上运动受到越来越多人的青睐。随着科学技术的逐步渗透，地域受限的障碍逐渐被扫除，南方很多地区都设有室内冰场。加之近些年“北冰南展”计划实施成效显著，大众对冰上文化的认知也进一步加深。

相比于改革开放以来冰上项目在各个大赛中取得的成绩，雪上项目的发展还有待提高。1980 年，我国自行组织运动员赶赴美国普莱西德湖参加了第13 届冬奥会，这也是我国冬季项目首次在国际舞台上亮相。尽管全军覆没，却为后续我国参加国际性比赛积累了经验。1998 年在日本举行的长野冬奥会上，我国自由式滑雪空中技巧项目的女运动员徐囡囡成功摘得银牌，实现了我国冬奥会雪上项目奖牌的“零”突破。随着雪上项目在奖牌榜上的初露端倪，2006 年我国在都灵冬奥会上再创奇迹，空中技巧项目男子运动员韩晓鹏成功摘得金牌，这是我国在冬奥会雪上项目的第一枚金牌，也是雪上项目众多小项中我国唯一跻身于世界前列的一项。此后的第21届、第22届、第23届冬奥会，我国运动员共夺得了9枚金牌。对比竞技滑雪，群众滑雪这些年随着大众观念意识的转变，呈现出勃勃生机的景象。特别是近些年体育旅游的悄然兴起，各大旅游景点也纷纷推出多样化的“冰雪产品”以满足大众的需求。

第三节 现代冰雪文化产业的开发与利用

一、国际上的冰雪文化节

（一）日本札幌冰雪节

众所周知，日本北海道的居民有近半年的时间在冰雪覆盖的世界里生活。那里年降雪量为四米多，一进入漫长的冬季，人们就似昆虫入蛰一样，整日憋在房间里，人们多想到户外活动。札幌市政府理解大家的心情，设法满足人民的夙愿，改造单调的冬季生活，决定努力开辟北方城市的观光事业。冰雪节举办以前在北海道就有“雪站会”（有数万人参加的骑马站，相互争夺对方的雪城）、“冰上狂欢节”和“学校雪像展”，在此基础上，决定在最冷、雪最多的二月初，由札幌市有关单位共同组成札幌雪节实行委员会，由该组织主办札幌冰雪节，号召市民、教师、学生走出房门，自己动手雕刻雪人、雪物、雪像，用自己的智慧和劳动丰富市民的生活。1950 年第1 届札幌冰雪节一举成功，收到了意想不到的效果，博得了群众的欢迎和支持。从此，决定每年举办一次冰雪节。

（二）加拿大魁北克冬季狂欢节

魁北克的冬季狂欢节，起源于1894 年，当初这只是一个精心策划的庆典，让当地居民在严寒冬季得以纾解身心，并没有一定的组织和活动形态。到了1955 年，一群当地的商人发现，如果每年冬季定期举办狂欢节，倒不失为漫漫严冬中，刺激停滞经济的好方法。从此以后，一年比一年盛大的魁北克冬季狂欢节，不但带来前所未有的商机，而且成了魁北克市第三大产业，被公认为全世界最大的冬季狂欢节，并且是全世界第三大狂欢节，仅次于里约热内卢、纽奥尔良的狂欢节。

（三）荷兰冰上马拉松节

此项比赛的开创者是一位荷兰体育记者，名叫Pim Mullier。1890年的某一天，他突然决定滑冰穿行弗里斯兰省的11个城市。最终他成功实现了愿望，共历时12小时55分钟。为了证明他没有落掉任何一个城市，Mullier随意地拜访了一些当地居民，并让他们在一个红色的小本上签名并写下日期。自此“弗里斯兰11城市比赛”正式形成。弗里斯兰省于1912年举办了第一次官方的11城市比赛。

（四）瓦萨滑雪节

瓦萨国际滑雪节的历史可以追溯到16世纪初期，当时瑞典被迫与丹麦结成国家联盟。有个叫古斯塔夫·瓦萨的人号召人们起来反抗丹麦的统治和压迫，他在莫拉鼓动达拉纳人与他一道推翻丹麦国王，不过没找到志同道合者，他滑雪到挪威去。就在这时，丹麦人在斯德哥尔摩大肆屠杀瑞典人的消息传到了莫拉，达拉纳人才决定要立即与逃亡的瓦萨联合起来。于是，当地最好的两个滑雪运动员拉尔斯和安吉尔布莱克特出发去追赶瓦萨，这便是瓦萨国际越野滑雪节的历史渊源。1523年6月6日，古斯塔夫·瓦萨被推举为瑞典国王。1922年2月10日，新闻记者安德尔斯·佩尔斯倡议为了纪念古斯塔夫·瓦萨及他所取得的成就，创立了一个每年进行全程90公里的滑雪比赛，这就是后来的瓦萨滑雪节，滑行路线与当年瓦萨等民族英雄奔波于莫拉和萨伦两地的路线相同。

二、我国冰雪文化产业的开发与利用

冰雪民俗文化旅游资源的开发与利用能促进第三产业发展，带动其他产业共同发展。

冰雪文化是北方诸多城市的区域特色产业，冰雪旅游业已经成为北方城市发展中新的经济增长点，冰灯艺术建筑、冰雕、雪雕技术，以及滑雪设施等硬件设备均已达到了世界水平，但在冰雪文化的管理、软件环境建设及生态发展理念方面尚存在问题。大力挖掘冰雪资源，不断将文化融入冰雪市场，走出与区域城市发展规划相适应，符合自然规律的绿色、环保、节能、高效的生态化发展之路已迫在眉睫。

例如，长春市承办的瓦萨滑雪节，给长春经济带来了飞速发展的同时也让世界认识了解了长春。自从2003年第1届瓦萨滑雪节在长春成功举办，招商引资金额突破千亿元，超亿元项目几十个，大型项目纷纷在净月经济开发区安家落户。

其他各地的冰雪民俗文化产业还有吉林市雾凇冰雪节、沈阳冰雪节、北京京郊冰雪节、四川南国冰雪节、新疆丝绸之路冰雪风情游等。

目前我国冰雪文化艺术产业主要集中在黑龙江省和吉林省部分地区，历经40余年的开拓与创新，北方的冰雪文化产业目前已发展成为集冰雪艺术、冰雪经贸、冰雪体育、冰雪娱乐、冰雪旅游于一体的亮丽品牌，推动了全国乃至世界的冰雪文化发展。

三、促进我国冰雪产业发展的措施

我国北方地区居住着满、蒙古、达翰尔、赫哲、鄂温克、鄂伦春等少数民族，创造了丰富多彩，具有浓郁地方特色和民俗风情的传统体育活动，又以其特有的冰雪地理环境，形成了独特的冰嬉、打冰嘎、冰爬犁、冰磨等传统体育项目，是一笔宝贵的民族文化遗产。2022年冬奥会的契机又将冰雪运动的发展推上了新的热潮。

（一）合理布局、统筹规划

在我国发展冰雪产业的结构中应以全民健身为宗旨，以冰雪旅游为特色，合理布局、统筹规划，以满足广大群众需求和社会发展需要为冰雪产业的重点。整合中小型滑雪场，避免重复建设、无效建设而导致的冰雪资源单一化的浪费，充分利用市场机制将我国冰雪文化产业做大做强，从而形成冰雪产业的生态联盟，提高冰雪产业有形资产的合理布局和运营；在知识经济时代，网络的作用不可忽视，所以更不能离开第四媒体——网络的宣传与经营。所以说，整个冰雪文化产业是产品经营 + 文化经营 +旅游经营 + 房地产经营 + 资本经营 + 网络经营的全方位整合经营。在对冰雪文化产业提升段位、内容创新的基础上，应对其进行整体性创意、策划、包装、设计、营销，把各个组成部分整合成一个有机体，加快我国冰雪文化走向世界的步伐。

（二）制订冰雪资源利用和冰雪环保的相关法规和条例

为了保证我国冰雪产业的可持续发展，需要制订相应的冰雪产业和冰雪环保的相关法规、条例。冰雪文化产业生态化发展具有促进生态环境保护的重要功能。目前我国冰雪产业在生态环境保护方面还存在很多问题，如由于缺乏相关法律法规的制约和指导，盲目、随意开发自然资源的现象愈演愈烈已成为主要问题。因此，应尽快制订相应的冰雪产业法规、条例，这是冰雪文化产业有序发展的前提。经专家论证、市场调研、统一规划冰雪产业结构和资源配置，消除人为因素导致的市场混乱等现象，制订相应的冰雪产业和冰雪环保法规、条例，从而对不正当竞争者应给予严格的惩罚，对经营效益和社会效益好的冰雪产业进行大力扶持，树立“明星产业”的正能量，并提出牢固树立“经济是主导，环保是基础”的战略方针，为我国冰雪产业的可持续发展提供积极而有效的借鉴，从而保证我国冰雪文化产业绿色、健康、可持续的生态化发展。

（三）多方联动打造冰雪文化产业链

冰雪运动本身涉及旅游、交通、酒店、餐饮等诸多领域。一座现代规模滑雪场的运营，会拉动其周边产业的协调发展，形成一个相应独立而又相关联的经济生活。目前国外的“滑雪城”“滑雪村”“滑雪街”等复合型产业链都是这样形成的。度假旅游等多元化的复合型产业链的形成，把冰雪艺术，冰雪体育、冰雪文化、冰雪娱乐、冰雪经贸、冰雪旅游、冰雪雕塑、冰雪客栈等统一融为文化产业链条。推动一方经济的发展源自人们文化素质和意识上的全方位提升，可拉动地方冰雪文化产业大发展和地方区域经济的大繁荣；突破传统冰雪雕塑文化的单一性、封闭性；在实践、认识及思维等方式增加科技理性，实现由束缚人的创造性思维向解放人的创造力等多元化方向转变，从而形成由文化、艺术、媒体、金融和商业多方共同参与到区域冰雪文化的生态化发展活动。

第四节 冰雪运动课程的教学与组织

一、冰雪运动课程的教学原则

教学原则能够反映教学过程规律，是为一定的教学目标服务的，是长期教学实践经验的概括和总结。教学实践证明，教师的教学质量高低，总是在不同程度上反映出教师对教学原则的理解程度，与在教学中能否正确地把握教学特点关系密切。不同的体育项目、不同的教学内容，在教学方面都存在着各自的特点。冰雪运动课程的教学也是如此。在教学过程中反映出来的客观规律，是教师的教与学生的学的活动开展的基本依据。

（一）健康性与娱乐性相统一

这一原则是指在冰雪运动课程教学过程中，应树立“健康第一”的思想，把增进学生健康与学生的身心全面和谐发展有机地统一起来，把传授冰雪知识、技能、技术与发展个性统一起来，与培养兴趣结合起来，以达到健身、健心的教育目标。通过冰雪运动所进行身体练习，能够有效锻炼身体，促进学生身体各器官机能的发展，提高学生的健康水平。不仅具有使学生精力充沛地完成文化学习任务的近期效益，而且能为学生的终身体育奠定基础，同时还能发展学生感知、观察、判断、想象、创造思维能力，培养学生健康、愉快的情绪和情感、良好的社会行为、高尚的道德和情操，使学生身心和谐发展。

（二）全面性与个性培养相统一

这一原则是为实现我国教育目标和体现学生身心发展需要提出来的。培养德、智、体全面发展的社会主义建设者和接班人，是学校育人的根本方向和质量标准。冰雪运动课程教学应以人的全面发展和人格完善为价值取向，应能够满足学生全面发展的需要。通过教学，教师应引导学生学习冰雪运动知识、技术技能，达到增进健康、增强体质的目的，同时还要从育人的高度，培养身心健康、全面发展的人，以适应社会主义现代化建设的需要。学生不仅要发展身体，而且要发展思想、心理、智力，以及适应自然和社会环境的能力等。强调发挥学生学习的积极性和主动性，除重视学生掌握冰雪运动课程的锻炼效果外，还特别重视发展学生的个性和智力，培养学生自学的能力、独立解决问题的能力，以及创新精神。

（三）体能发展与技能发展相统一

在冰雪运动教学中，基本理论、技术技能的教学和发展体能、增强体质，都是冰雪课程教学应达到的目标。两者是互相联系、相辅相成的。教学实践证明，学生掌握了技能，对发展体能奠定了科学知识与技术方法基础，而发展体能也为技能的掌握奠定了生理、生化的物质基础。因此，处理好体能发展和技能发展的关系，通过冰雪运动课程教学使学生掌握运动技能，培养能力、发展体能，提高了身体的健康水平和适应能力，为身心健康，全面发展和终身体育奠定基础，进而达到体能发展与技能发展相统一，充分体现身体健康的价值，并树立增进健康必须参与各种锻炼体育运动的观念，教育学生热爱生命，关心健康，适应自然和社会环境，增强心理承受能力和对挫折的承受能力。体现和发挥体育教学的功能，使学生通过冰雪运动课程的学习，提高基本技术、基本技能的水平和体育与健康基础知识的掌握程度，促进学生主动地学习，掌握锻炼的方法，学会自我锻炼、自我评价，学会科学地进行健身活动。

（四）整体性与因材施教相统一

这一原则是根据教育要面对全体学生，同时又要考虑学生的个性特点提出来的。面向全体学生就是要促进每一个学生的发展，既要为所有的学生打好共同基础，也要注意发展学生的个性和特长。在冰雪运动课程的教学中，从学生的实际情况出发，应注重提高学生的整体水平，又要兼顾学生学习的个体差异，通过多种途径和方法，满足学生的学习需求。无论是教学内容的安排还是教学方法的选择，都要注意教学的需要，即知识的整体性，还应将学生学习要求的实用性和适用性作为重点部分加以关注。由于各种不同的因素，学生在掌握知识、技术技能、能力方面和志趣上存在差异。因此教学中要承认这种差异，区别对待，因材施教，因势利导。

（五）直观模仿与启发思维相统一

这一原则是依据学生的认识活动的特点提出来的。反映和要求正确处理的是教学中理性认识与感性认识，即概念与动作及其形象之间的关系。学生掌握任何动作技术技能，都必须经过感知、理解、巩固、运用四个阶段。感知是认识过程的基础，只有在感性认识的基础上，通过比较、分析，才能形成正确的动作概念，进而掌握动作技术技能。

在冰雪运动课程教学中，直观性的作用就在于学生需要从事身体练习，没有清晰的感觉，就不可能掌握动作技术技能。教师通过示范或多媒体等直观手段，利用学生的多种感官和已有经验，形成清晰的表象，丰富他们的感性认识，引导学生对学习内容进行分析、综合、抽象、概括，通过身体活动，使其掌握体育知识、技术效能，完成学习任务。为此，应综合地运用各种有关的感觉器官，即除了通过视觉、听觉来感知动作的形象，还要通过触觉和肌肉本体感觉来感知动作的要领、肌肉的用力程度和方法，以及动作过程中时间与空间的关系。在此基础上，启发、引导学生积极思考和进行身体活动，建立一定的动作条件反射和形成动作概念，从而掌握体育的知识、技术技能。

二、冰雪运动课程的教学方法

为达成教学目标采用的工作方式称为教学方法。教学方法也和教学过程一样，是师生双边的活动，是教师指导学生的“教法”和在教师指导下学生学习的“学法”相互作用的统一过程，是联结教师教与学生学的桥梁。当教学的目标、内容等确定之后，能否达到预期的效果，教学方法就成了决定性的因素。教学方法对教师来讲，是教学技巧的表现，也是一种艺术。

（一）冰雪运动课程教学方法的特点

1.实践性

教学方法与教学实践紧密相连，冰雪运动课程教学是与身体练习和心理活动分不开的。学生只有通过具体的身体活动，才能掌握动作技术的概念和形成运动技能，才能通过身体活动达到身心发展的目的。通过教学方法可以传达教育精神，增强学生体质、培养学生的综合能力。同时，教学方法的实践效果，又是检验教学效果优劣的重要指标，它实质上反映着教师的教学思想和能力水平。

2.双边性

任何一种教学方法都是教师指导学生学习这一双边活动的方法，它是由教师教和学生学组合而成的。在教学方法的运用过程中，教师教的方法影响着学生学的方法，学生学的方法也影响着教师教的方法，例如，教师进行示范，要求学生观察、模仿、分析；教师进行讲解，要求学生聆听、记忆、思考。所以，教师教的方法与学生学的方法不是简单的相加，教学方法充分体现师生在教学中相互联系、相互作用和相互统一活动的特点。

3.整体性

体育教学方法是多种多样的，每种方法都有其独特性能和使用范围，适用于所有教学条件的万能方法是不存在的。不同的教学方法共同构成一个完整的方法体系，各种具体方法彼此联系、密切配合、互相补充、不可分割，综合地发挥着整体效能。教师在运用时，应了解各种方法的相互作用，根据教学的需要，相互配合地运用各种方法，使每一种方法的运用都成为整个教学过程有机的一环。只有多种教学方法相互配合，发挥其整体效应，才能使教师顺利达成教学目标。

4.继承性

在长期的体育教学实践中，教育者为提高教学实效，非常重视对教学方法的探讨，并且积累了相当丰富而宝贵的实践经验。其中有些在一定程度上反映了教学的客观规律，至今仍具生命力，值得我们认真总结、整理，并借鉴其合理的部分。冰雪运动课程教学方法也和其他教育现象一样，具有继承性。任何新的教学方法不可能从零开始，它必然从多方面吸收和利用以往传统的教学方法中的一切合理的成分，并在新的历史条件下，针对不同的教育内容赋予新的内涵，最终达到教育的成效。

5.发展性

社会发展与时代的进步，学校教育对体育教学的教学目标、教学任务与教学内容、教学对象的要求，都是影响教学方法产生与发展的因素。在这些因素影响下的教学实践是教学方法创造、丰富与完善、多样化的源泉和直接动力。在冰雪运动课程的教学实践中，教师必须根据变化了的时代精神、内容性质和对象特点等客观条件，勇于开拓，推陈出新，使教学方法更能适应教学的实际要求，使教学方法体系逐渐发展和完善。

（二）冰雪运动课程教学中的“教”法

体育教学中，学生能否掌握体育基本知识、技术与技能，养成良好的锻炼习惯，与教师的指导有密切的关系。教师的“教”法起着组织、讲解、启发、教育等多种作用。在冰雪运动课程教学中教师常用的“教”的方法主要有如下内容。

1.示范教学法

示范教学法是教师以具体动作或多媒体示范内容为范例，使学生了解所学动作的形象、结构、要领的过程，同时也是运用错误动作的演示来帮助学生克服动作缺点，改进技术动作的方式。动作示范的特点是灵活简便、真实感强、调节度高、针对性强、运用范围广、直观效果好，是冰雪运动课程的教学采用最为广泛的教学方法之一。正确的示范不仅可以使学生建立正确的动作形象，还可以提高学生的兴趣，激发学生的学习愿望，起到鼓舞和动员的作用，准确、优美的示范会使学生产生跃跃欲试的效果，是冰雪运动课程教学中采用的主要方法之一。

2.讲解教学法

讲解教学法是教学中运用语言的一种最主要、最普遍的形式。它是指教师用语言向学生说明教学任务、动作名称、作用、要领及要求，以指导学生掌握体育知识、技术、技能，进行练习的方法。

3.完整教学法

完整教学法是从动作开始到结束，不分部分和段落，完整进行教学的方法。其优点是便于学生完整地掌握动作，不破坏动作的结构和割裂动作之间的联系；缺点是不易很快掌握动作的关键和难点。完整教学法一般是在动作比较简单或虽然复杂、如果分解就会破坏动作结构时采用的方法。

4.分解教学法

分解教学法是把完整的动作合理地分成几个部分或几个段落，然后按部分逐次地练习，直至最后比较完整地掌握动作的方法。其特点是可以简化动作掌握过程，缩短掌握动作的时间，有利于加强动作困难部分的学习，提高学习的信心。

分解教学法通常在动作较复杂并可分段而用完整教学法教学又不易掌握的情况下，或动作的某部分需要较细致地学习时采用。

5. 预防与纠正错误法

预防与纠正错误法包括错误动作的预防和纠正两个方面。它们各具不同的功能和特点，从其功能来看，预防错误具有超前性，主要表现在学生掌握动作的进程中教师应主动、超前性地预见学生可能出现的障碍和错误，为“防患于未然”而采取一系列有效的手段，可以大大减少纠正的负担。纠正错误具有改造性，主要表现在教师对学生学习动作过程中所出现的错误采取有效的措施，及时、准确地予以严格的纠正。在实际教学过程中，预防与纠正错误动作的方法是有机联系的。因为学生掌握动作的过程是一个不断纠偏的过程，它们的应用在时空上是紧密接续的，也是相对的。对一个动作的预防措施，很可能是另一个动作的纠正手段，而对前一个动作环节的纠正无疑对后一个动作环节的正确形成奠定了良好的基础。预防和纠正错误动作，首先应分析错误产生的原因，然后针对错误的主要原因，选用适当的方法予以预防与纠正。

（三）冰雪运动课程教学中的“学”法

冰雪运动课程教学中“学”的方法是指根据教学任务，学生有目的地反复做某一动作，以达到增强体质、增进健康、发展身体和掌握技术、技能的方法。实际上是由教师组织和指导下的学生身体练习的过程。

1. 练习法

冰雪运动课程的教学方法是与身体练习分不开的。在教学过程中，学生除了遵循认识规律，通过听觉、视觉和运动器官来领会和感知动作的形象、过程、要领和完成的方法外，更主要的是通过各种身体练习来进行学习。学生在反复练习中，通过身体活动与思维活动紧密结合来掌握体育的知识、技术与技能，并收到发展身体、增强体质的实效。冰雪运动课程教学的这一基本特点，决定了练习法在整个体育教学方法中占有举足轻重的地位。

2. 展演法

展演法是在冰雪运动课程教学中特有的“学”法，即运用所学技术动作，组织学生通过个人展演进行练习的方法。展演法是一种综合运用所学的知识、技术技能，在规定的情境内，如不同雪场的高度、不同冰场的环境等，充分发挥个人的主动性和创造性。它不仅能有效地发展学生的智力和体力，提高学生掌握运用知识、技术技能的能力，特别是对提高学生的机智、灵敏素质，以及激发学生的兴趣有重要的作用。

展演法的特点是对于动作技术的运用具有一定的综合性。在不同的教学情境中，可以充分发挥学生愿意展演自己的强烈愿望，调动学生的主动性和创造性，以达到通过展演所预期的目标，因而在教学中正确地运用展演法对完成某些教学任务具有重要的意义。

3.比赛法

比赛法是在比赛的条件下学习基本技能、技术和进行身体练习的方法，主要特点是竞争性强、学生情绪高涨，能促进学生最大限度地表现出有机体的能力。完成同样的练习，由于存在了竞争性，比赛时的机能变化要比非比赛时大得多。因此，运用比赛法时，对机体机能能力提出了更高的要求，它能有效地发展身体素质，提高动作技术技能，以及在复杂变化、具有竞争因素的条件下，合理运用动作技术技能的能力，充分发挥学生在学习中的主动性、积极性，更好地完成冰雪运动课程的教学任务。

教学中采用比赛法的形式是多种多样的，可以是速度赛、花样赛，可以是表演赛，或是教学比赛或专门组织的测验比赛；可以是个人与个人的比赛，也可以是小组与小组的比赛。按教学的具体任务和动作的性质，可以比动作完成的规范性、比技术技能综合利用的多样性，也可以比完成动作的质量或小组学习的成果等。只有根据教学任务、教材性质、学生特点和具体条件，正确灵活地运用各种比赛形式和方法，并在比赛过程中切实贯彻教学的要求，才能收到良好的教学效果。

三、教学方法选择的依据

科学地选择和运用教学方法，要求教师能够熟练地把握以上谈到的各类教学方法的特性，综合地考虑各种教学方法相关因素，合理地选择适宜的教学方法，并能根据最优化的教学思想加以组合。从这个意义上讲，冰雪运动课程教学活动的成功与否，在一定的意义上体现出教师科学合理地选择和综合运用教学方法的能力和水平。确定教学内容、明确教学目标，恰当地选择、创造性地应用教学方法，对于提高教学质量、更好地完成冰雪运动课程的教学任务具有重要的意义。

（一）冰雪运动课程教学方法选择的标准

探讨教学方法的选择，目的在于应用教学方法实现冰雪运动课程的教学目标。作为教师，教学最基本的问题是如何选择教学方法。也可以说，教师能否依据教学实际正确、合理、有效地选择教学方法，是影响教学质量与效果的一个关键性问题。

在选择教学方法时，一定要坚持整体性的观点，了解各种方法之间的联系，也了解教学方法与教学活动与其构成部分之间的联系。这样才能选择出最佳的教学方法，促进教学目标的实现。选择教学方法，要依据下列标准。

1.依据教学目标选择教学方法

教学目标对教学方法的选择具有方向性的意义。冰雪运动课程教学有学期的、单元的、课时的目标，其教学方法要根据教学目标的不同而有所不同。在明确了教学目标之后，要对各种方法完成教学目标的可能性进行分析，然后结合实际情况选择最佳的方法。对教学方法的选择的指导性因素应是具体的教学目标。这些教学目标既应包含冰雪运动课程知识内容的整体性目标，也包括技术技能方面的实践性目标，还包括培养和发展学生思想品德和个性方面的目标。教师要掌握相应的教学目标分类知识和方法，能够把教学中抽象的目标分解，转化为具体的可操作性目标，并以此来选择和确定具体的教学方法。

2. 依据教材内容的性质和特点选择教学方法

教学内容在教学活动中起着基本的、决定性的作用，不同的教学内容所要求的教学方法也有着一定的差异。同时，教学的不同阶段、不同单元、不同的课时内容也不一致，对学生的知识掌握、技能教学、能力要求也不相同，同样要求教学方法的选择要具有多样性和灵活性的特点。例如，讲解法与示范法经常用在新授课上，而复习内容则经常采用自我体验法；动作简单而又不易分解的教材内容，常采用完整法；比较复杂的又可采用分解法。教师应该把握各自教学方法的适用范围，能够根据不同的教材内容特点的教学需要，选择所需要的教学方法。

3. 依据学生实际特点选择教学方法

学生的实际特点是指学生现有的知识水平、技术基础、素质情况和接受能力、动机状态、年龄发展阶段的心理特征等因素。心理学研究和教学实践都表明，学生的实际特点与教学处理之间存在着相互作用。例如，学生在冰雪运动课程的初学阶段，由于学习基础的差别，往往会引起注意力不易集中、学习无兴趣等情况，此时宜采用生动的直观方法，或用表演方法来进行教学，以增加学生的自信心和兴趣。即使同年级同性别的学生在完成某一动作时，不同的学生产生错误的原因也是不同的，应当用不同的方法去纠正，才能收到效果。因此，教学过程中教学方法的选择要受到学生的个性心理特征和他们所具有的基础知识水平条件的制约。同一年级或同一班级的学生对某种教学方法的适应性可能会有很明显的差异；同样，不同年龄段的学生，对同样一种教学方法的适应程度也不相同。教师要能够科学而准确地分析、研究学生的上述特点，有针对性地选择和运用相应的教学方法，使学生在学习掌握冰雪运动课程知识、形成技术技能的同时，能够促进身心向更高的水平和阶段发展。

4. 依据教学条件选择教学方法

教学条件主要是指学校教学场馆、设施等，教学条件对教学方法功能的全面发挥也有着一定的制约作用。例如，在不同设备环境的雪场进行学习，有可能会受到周围环境刺激，同学间不同水平的滑雪动作也会对学生产生影响力，这些有助于提高教学的效果，特别是现代化教学手段的充分运用，如电化教学、多媒体技术会更进一步开拓教学方法的功能和适用范围。教师选择教学方法时，在时间条件允许的情况下，应该最大限度地运用和发挥学校教学设备、教学空间条件，充分利用不同雪场的外部环境，提高教学方法的功能与作用。

5.依据教师自身素质选择教学方法

教师自身素质在教学过程中主要表现在其动作示范水平、语言表达能力、教学技能、个性特长、教学风格特征、组织能力及教学控制能力等方面。任何一种教学方法，只有适应了教师的素养条件，并能为教师充分理解和把握，才能够在实际教学过程中充分地发挥出它的功能和作用。因此，教师在选择教学方法时，应当根据自己的实际优势，扬长避短，选择与自己相适应的教学方法。同时，教师应当在自己的发展过程中，不断提高自身素质和水平，并能根据自己的素养条件，丰富和改造现有的教学方法，逐步形成自己的教学风格。

（二）教学方法运用的有效性

冰雪运动课程教学中的具体方法是多种多样的，但不论采用什么方法，都必须坚持注意其有效性，保证在选择出适当的教学方法以后，还要能够有效地运用，以达到教学目标的要求。

1.应坚持以启发式教学为指导思想

启发式教学要求教师从学生的实际出发，根据冰雪运动课程教学的客观规律，运用具体的教学方法，充分调动学生的学习积极性和主动性，引导学生积极思维，使他们通过教师设计的情境和活动，达到掌握体育知识、技术技能，创造性地运用知识，培养提高分析问题和解决问题，以及独立学习的能力。在众多的教学方法中指导思想通常是相通的，具有启发性的教学是现代体育教学方法的总特征。

2.应保证师生双方的协调活动

冰雪运动课程的教学方法应为教师和学生共同参与的双边活动，是以解决教学任务为目的、师生共同活动的方法。在运用教学方法时，既应考虑教师教的活动，又应考虑学生学的活动。例如，在运用示范法应充分考虑学生如何观察？怎样观察？观察什么？如果注意不到就会影响学生学习掌握动作的效果。因此，教学方法的运用应是教与学的统一，既包括教师如何传递信息和进行教学组织控制的教法，也包括学生视听、观察和练习的学法，应通过教学方法的运用使师生双方的教与学联结成一个同步协调的活动。

3.应注重多种教学方法的优化组合与综合运用

教学是一个非常复杂的过程，冰雪运动课程的教学内容非常丰富，所要完成的任务和达到的目标又是多方面的。在教学过程中，教法的选择不仅要考虑学生的生理、心理特征，而且要把握学生身心发展的规律，这些因素仅靠单一的一种教学方法是无法实现的。在教学中，学生在学习过程中要有多种器官参与活动，他们学习兴趣的激发、学习动机的强化、学习积极性的提高和保持绝不是单靠一种教学方法所能奏效的。因此，教师在实际教学中通常选择和运用的并不是一种教学方法，而是多种教学方法的综合运用，是各种教学方法的有机结合和互相配合，从而发挥教学方法体系的整体性功能。应根据教学活动的实际需要，按照选择教学方法的基本依据，综合利用现有的行之有效的各种教学方法。例如，讲解与示范的结合、分解与完整的结合、音乐伴奏与口令的结合、整体与分组的结合等，充分注意各种教学方法在教学过程中的相互配合、相互渗透、相互补充的有机联系，博采众长，发挥它们在教学中的最大效能，使教学方法的选择和运用体现出多样性、综合性、灵活性的特点。

4. 应注意学生学习的外部与内部活动统一

在冰雪运动课程教学中，学生的外部活动表现通常是教师教学中观察的重点。例如，学生的注意力是否集中、情绪是否良好、动作完成的质量如何，从中可以及时获得关于学生学习的主动性、积极性、体力情况，以及学习的效果等方面的反馈信息，便于教师及时调控冰雪教学活动。然而，这种外部活动并不能完全决定学生内部的心理活动。例如，从外部观察学生，学生能够跟上教师的示范动作或领做时的动作，但实际上不见得真正理解了动作的内涵要求和具体要领，有时学生身体在做动作，从眼睛中观察到一种探究或者疑问，教师要及时分析原因，应该及时采取有效的方法予以解决，其中可能有些学生的思维活动并没有跟上教学的要求，落后于身体运动。因此，教学方法的运用不仅应关注教师的活动，而且一定要把关注的重点与学生的学习活动相关联，使学生学习的思维活动与身体活动相统一。

5. 应使学生由模仿向创新过渡

学生通过教师的教学活动来获得现成的知识和技能模仿。如通过教师示范、讲解和学生之间模仿，使学生掌握冰雪运动课程知识技术技能。在运用教学方法时，应逐渐使学生由“模仿型”向“创造型”过渡，并使两者有机地结合起来，使教学方法具有双型性。如教师通过教学活动使学生掌握了教学大纲规定的内容，同时又教会了学生冰雪运动技术综合运用的方法，并能够付诸实践活动，既通过学生的模仿使学生掌握知识与技术，又通过学生的创造性活动获得技能，不仅重视教师传授知识、技术，而且更注重学生独立探索知识、培养学生思维创新能力。

四、冰雪运动课程的教学组织形式

教学组织形式是有效地利用教学时间和空间，充分发挥教师、学生、教学内容、教学方法与手段的作用，一种定型的教学活动结构的组合形式。教学目标是通过教学过程来完成的，教学过程必须遵循一定的教学规律和教学原则，依据一定的教学内容，采用适当的教学方法来进行。教学规律和教学原则只有通过一定的教学组织形式才能体现出来，同时教学方法也只有通过一定的教学组织形式才能运用。

冰雪运动课程教学组织是指教师根据教学的任务、特点和实际情况，对学生、场馆设施和时间等进行合理安排所采取的措施。任何教学组织形式都要限定在一定的时间和空间内进行，是师生间组成“搭配”关系的共同活动，直接地或间接地相互作用。在这种相互作用的过程中，包括了教学内容、教学方法、教学手段和教学程序步骤在时间和空间上的集结与综合。

（一）冰雪运动课程教学组织形式的特点

1.教学组织形式存在多维性

教学组织形式反映的是教学活动中人员、时间和空间的组织和安排，当我们从教学组织形式的角度来说明一种教学活动时，我们至少必须从教师、学生、时间和空间等多方面来加以考虑，才有可能对教学组织形式有全面的了解。教学组织的多维性决定了教学活动具有多种教学组织形式，即教师的、学生的、时间的和空间的组织形式是同时并存的。例如，对于特定的教学内容在教学的组织上是采取分组教学、在教师的组织上是采取小组教学、在时间的组织上是采取活动课时制、在空间上是采取课堂教学等。因此，冰雪运动课程教学组织形式在客观上是多维的。

2.教学组织形式具有多样性

教学组织形式的多样性与教学组织形式的多维性具有密切的关系，如从简单到复杂、由单一向多样发展的，由个别教学—班级教学—分组教学—友伴群体教学等。而后一种形式是对前一种形式的补充和发展。在冰雪运动课程教学中，其教学组织形式的现状是多种教学形式并存、共同发展的。随着教师对教学目标的认识更加全面，对教学内容、结构的研究更加深入，以及对教学对象及其特点的认识更加科学化，势必会导致教学组织形式出现新的发展和变化，从而使得教学组织形式更加多种多样。

3. 班级教学制仍是冰雪运动课程教学的基本组织形式之一

班级教学制包含了教学空间的组织——课堂教学。由课堂教学构成的班级教学制，是冰雪运动课程教学实践中最为主要的组织形式，尽管其他起辅助或补充作用的教学组织形式也是不可忽略的，班级教学制本身的优点仍是其他教学组织形式所无法取代的。当然，班级教学制还存在着一些局限性，这就为教师在今后的工作中进行教学研究提供了空间，才能使班级教学制在今后会得到不断发展和完善。

（二）冰雪运动课程教学的基本组织形式

1.个别指导

个别指导是体育教学组织的最基本的形式，它的教学优点是可以根据每个人的能力和特点进行不同的教学指导，发挥个人最大的潜能。例如，在初始滑冰课程教学中，有个别学生出现身体姿态不正确的动作错误，教师采用“一对一”进行个别纠正，这种教学只有教师和学生直接联系，学生之间无任何联系，适用于教学过程中教师纠正个别学生在技术掌握上存在的个性错误。个别指导的教学组织形式通常会因为不能满足教育普及的需要，教学效率较低，而被分组教学所取代。

2. 分组教学

分组教学是一个班分成若干小组，以组来进行指导。这种组织形式既保留了班级教学的长处，又能在一定程度上解决因材施教、区别对待的问题。这种教学的分组通常是按性别、体能、技术、兴趣等因素来进行的，每组指定小组长，起着“小教师”的作用，教学过程中学生之间虽有联系，但不密切。

3. 班级教学

班级教学又称班级授课制，它的教学特点是一名教师采用同一内容、同一方法教授全体学生。与个别教学相反，个别教学易于解决个体差异问题，但效率不高，班级教学注重了效率，但不利于因材施教、区别对待。班级教学在实践中还往往把一个班自然分成几个小组，教师对待各组也是采用同一的内容和方法。班级教学主程序是对全班进行传统式的教学。教学中教师把所有学生都看成是理想中的对象来施教，力求实现教师的主导作用和学生的主体作用。

4. 友伴群体教学

友伴群体教学是一种小群体的分组教学形式，教学中让学生自由结成“友伴群体”，按教师的要求去创造性地学习，在互为指导、互为督促、互为帮助的过程中，使每个学生有充分发挥自己特长的机会，从而体验到获得成功的快乐和喜悦。这种分组只有当学生之间关系协调和目标一致时，才能形成一个小群体。个体间情感交流，彼此激励，互相配合，互相帮助，齐心协力，共同提高，充分调动学习的积极性，体现学生间良好的人际关系，有利于培养学生自觉锻炼的习惯，使学生能发挥内在的潜力。这种形式与教师主导型的班级教学和分组教学不同，它是把学生作为学习的主体，以促进自主地、协同地学习为目的。它适合于学生对冰雪运动课程的创编阶段的学习。

5. 分层次教学

学生在发展过程中存在着不同的生理、心理及个体差异，根据学生的认知能力和掌握能力，教师在安排课堂教学内容、教学手段、教学方法上应符合学生实际学习的可能性，分层教学、分层指导、分层评价，使每一个学生都能在原有基础上得到完善与提高。层次分组教学最大的特点就是强调措施和目标的对应性，也就是选择特定的教学方式去达到既定的教学目标。层次分组教学适合于冰雪运动课程完整教学单元的教学。

第二章 轮滑（旱冰）课程及其教学

旱冰（轮滑）课程及其教学部分，共包括五节内容。它主要涉及轮滑运动概述、轮滑鞋的选择和穿戴护具的方法、轮滑教学内容、轮滑（旱冰）课程教学设计、轮滑（旱冰）课程的教学案例。

第一节 轮滑运动概述

一、轮滑起源与发展

轮滑俗称旱冰，旱冰学名就是轮滑。它是受滑冰启发而开发的在任何季节都能进行的项目，且深受年轻人喜爱，有勇敢者运动之美誉。

据记载，1860年，比利时有位技工和一位乐器制造工人约瑟夫·默林，他们手工制作了一双轮滑鞋，但是当他们把自己的杰作带到英国伦敦的世界博览会上，展示给热情的伦敦观众时，却出现了意外，它由于无法刹车而把一面大镜子打破，人也受了伤。这件事被媒体充分报道之后，引起了巨大的震动。因此，轮滑运动也被视为一项“危险的运动”而被冷落了相当长的一段时间。

1863年由美国人詹姆士·普利普顿发明轮滑鞋，后迅速传入欧洲和世界各地。至于轮滑最早起源哪个国家是有争议的，但一直公认的说法是，轮滑起源于欧美地区。据有关资料记载，轮滑在18世纪由不知名的荷兰人发明。最初有位荷兰滑冰运动员，为了在不结冰的季节继续进行训练，尝试把木线轴安在皮鞋下，试图在平坦的地面上滑行，他的试验在不断失败后，经过改进终于取得成功，创造了用轮子鞋“滑冰”的历史。

自轮滑鞋诞生后，经欧美一些人多次对轮滑鞋的改造，使这项运动得以发展和普及，并逐渐发展成为五大类：极限轮滑、速度轮滑、轮滑球、花样轮滑、自由式轮滑。

1924年，英国、法国、德国、瑞士四国的代表，在瑞士蒙特勒成立了国际轮滑联合会，从此，开始举办各个项目的国际性比赛。现在经常举办的世界性比赛有：速度轮滑、轮滑球、花样轮滑、自由式轮滑和极限轮滑。

轮滑运动约在20世纪30年代初传入我国，多年来只在沿海一带的大城市有所开展。1980年，中国轮滑协会成立，并加入了国际轮滑联合会，从此，部分城市修建了轮滑场或室内轮滑厅，参加轮滑活动人数日益增多。80年代后期以来，我国每年都举办全国性的轮滑比赛，并参加亚洲轮滑锦标赛、世界性的单项比赛。目前，轮滑运动早已进入校园，我国的轮滑运动技术水平飞速提高，已居亚洲上游水平。

二、轮滑比赛项目

（一）速度轮滑（speed roller skating）

以单排、双排轮滑鞋为比赛工具的竞赛项目，分场地跑道比赛和公路比赛两种。

速度轮滑世界性比赛：单数年举办场地世界速滑锦标赛，双数年举办公路速滑世界锦标赛。

场地世界速滑锦标赛：世界锦标赛场地跑道像自行车场地一样呈盆形，正式比赛距离有短距离、中距离和长距离项目和接力项目，主要包括300米计时赛、500米淘汰赛，1000米、5000米、10000米、20000米积分赛，3000米接力和5000米接力。

公路速滑世界锦标赛包括短距离、中距离和长距离及超长距离公路比赛项目，长距离主要是女子21千米半程马拉松赛、男子42千米马拉松赛。

（二）轮滑球（rollerball）

轮滑球来自冰球（ice hockey），亦称“冰上曲棍球”。这一新兴竞技运动，以其超乎寻常的速度快，精彩激烈，而且其运用的掩护、阻挡战术和队员配置跟篮球很相近，被誉为轮滑项目的最高境界。

轮滑球是一项不直接接触球的运动。比赛队员穿着双排轮或单排轮进行比赛。比赛双方各上场4名队员和1名守门员。该项运动起源于1896年的英格兰。

1992年，双排轮滑组别的轮滑球登上巴塞罗那奥运会的赛场，也是唯一的奥运会轮滑项目。从1995年起，开始举办单排轮滑球世界锦标赛。

轮滑球场地是平整坚硬的水泥、木或砖面地板，就是所说的溜冰场。理想的场地面积是20米×40米或15米×30米。轮滑球融合了冰球和马球两种运动项目的特点，以个人技巧和团体协作为基础，比赛规则宽松，具有很强的对抗性，运动器材为单排、双排溜冰鞋，但分单、双排两个组别进行比赛，单数年举办A组世界锦标赛，双数年举办B组世界锦标赛；值得注意的是，双排轮滑球赛使用的是真正的圆球，而单排轮滑球赛使用的是球饼。

（三）花样轮滑（figure roller skating）

花样轮滑运动比赛项目包括单人滑（男、女）、双人滑（男、女）、舞蹈（男、女双人）三项。

双人滑包括短节目和长节目；舞蹈包括规定舞、创编舞和自由舞等。

花样轮滑源自花样滑冰（figure skating），最早是为了让花样滑冰选手在无冰的情况下也能够训练，其运动器材为双排轮滑鞋，而后才发展成了一项独立的运动——花样轮滑。比赛在不小于50米长、25米宽的场地上进行。根据动作的难易程度、舞姿的优美程度打分确定胜方。花样滑冰比赛按选手水平高低与参赛范围，分为不同的级别（从初学者到奥运会）与不同的规模（从地区赛、全国赛到国际赛）。花样滑冰这项运动由成立于1892年的世界性滑冰运动花样轮滑管理机构国际滑冰联盟（International Skating Union，简称国际滑联或ISU）负责为国际比赛制订规则、进行评判。花样轮滑和花样滑冰就像孪生姐妹一样，只不过一个用四轮旱冰鞋，一个用冰刀；一个在木地板上做出优美的动作，一个在冰面上滑行。

（四）自由式轮滑（free-style roller skating）

自由式轮滑比赛，每年举办一次世界锦标赛。自由式轮滑（free style），它有许多子项目。其中最有代表性的就是Slalom，即平地花式（简称平花）。平地花式轮滑，即穿轮滑鞋在固定数量的标准桩距间做无跳起动作的各式连续滑行。平地花式包括花式绕桩和速度过桩。有世界轮滑皇帝之称的圣巴斯蒂安，可以说是Slalom的鼻祖。以障碍滑雪为灵感基础，再加上轮滑特有的元素，才慢慢发展成了现今的Slalom。

平地花式轮滑最大的特点是，初学入门较容易，因无跳起动作，所以危险性伤害很小，适应性很广，男女老少都方便练习。

另外，自由滑还包括速降、FSK、休闲、花式刹停、跳高、轮舞。

FSK是由多种轮滑形式混合而衍生出的一种特殊的轮滑形式。它集合了休闲、刷街、花式刹车、花式跳跃、旋转等元素，大致分为野街和场地两种玩法。野街就是在刷街的过程中融入速降、花式跳跃等其他轮滑形式，使得野街的魅力无穷。场地FSK主要就是在一定的场地内花式刹停、花式旋转等，当然也有其他轮滑形式融汇进去。

速降是一种相对较刺激的类似速滑的轮滑形式。一般选择在比较陡峭的公路或山路进行。速降者在佩戴好全套护具之后，靠路面的倾斜给予动力，人体自由下落，感受风驰电掣般的刺激。

速降轮滑（down hill roller skating），双排轮滑和单排轮滑分为两个组别，还有衍生项目障碍速降和速降轮滑，是极限运动里非常有代表力的运动项目，所使用的轮滑鞋都是特制轮滑鞋。两种组别分别拥有各自的锦标赛，但也可以和速降滑板、速降三轮车、速降车混合比赛。

休闲轮滑（recreational/fitness roller skating）就是俗称的刷街（Fitness）。是一种穿着轮滑鞋漫步于室外，感受轮滑带给人的轻松、愉快和自在的轮滑形式。它主要以休闲健身为目的，放松自我，舒畅心情。

（五）极限轮滑（extreme roller skating）

极限轮滑也叫特技轮滑（acrobatic roller）。玩极限轮滑的人被称为ROLLERBLADING。按个人意愿与习惯可以选用直排或双排极限轮滑鞋。极限轮滑被年轻人所追捧，主要分为FSK和专业场地，专业场地分为道具赛和半管（U形池ramp）。

三、轮滑运动的特点与锻炼价值

（一）轮滑运动的特点

1.在运动中灵活变换重心，维持动态平衡

在滑行或滑动中，不断创建平衡、维持平衡、打破平衡，再创建或创造新的平衡，这是轮滑运动最显著特点。无论速滑、花式轮滑，还是轮滑球和极限轮滑，都是在运动中灵活变换重心，维持动态的平衡，以适应运动的需要。

2.侧蹬用力

轮滑运动者脚穿轮滑鞋，并以脚下支点移动重心。由于鞋子上装有轮子，前后移动重心时，脚下容易前后打滑不能很好运动，必须通过像滑冰一样的腿脚向侧蹬地，才能获得动力以更好滑行或满足运动需要，所以轮滑运动的侧向蹬地用力是轮滑运动技术十分突出的特征表现。

3.具有一定危险性

由于轮滑运动要借助脚上的轮滑鞋，鞋上的轮子具有滑动特性，当做一些新动作、高难动作，更容易失衡，所以，其危险性相对高于其他运动。正因为有一定危险性存在，尤其是速度轮滑、越野轮滑、极限轮滑和轮滑球的比赛，必须身着安全护具装备。

4.融知识性、健身性、娱乐性、竞技性、艺术性于一体，具有较高锻炼价值

每项运动都有其锻炼价值与特点。轮滑运动不仅内容丰富，而且其运动危险性较一般项目高，所以，对身体机能和身体素质影响较大。经常参加轮滑这项运动对培养人的勇敢、认真、细致、果断、理性等精神品质，对热爱生活、不畏风雨艰难、不怕吃苦、不怕受累的学风民风作风培养，对提高下肢力量、身体协调和平衡能力，以及提高人的速度、灵敏、协调和力量等身体素质具有良好影响。轮滑运动被体育界认为是一个很有锻炼价值的运动，所以，受到广大青年和运动者喜爱。

5.简单易学、便于普及

轮滑运动虽然有一定危险性，但是轮滑运动基础并不复杂，而且简单易学。此外，轮滑运动受气候、场地条件限制相对较小，同时其器材装备不算昂贵，也便于携带和大众健身使用，只要有一双轮滑鞋就可以因地制宜地进行练习，不仅可以在轮滑场，还可以在平坦的公路、广场、室内的大厅、走廊等地进行，更适合大众健身。

(二) 轮滑运动锻炼价值

1.有助于人文精神内涵的培养

速度轮滑要求运动员在短时间内滑完规定距离，它要求运动员具备较高的滑行速度、顽强的毅力和拼搏精神；轮滑球是将轮滑与打球相结合的项目，以进球多少决定胜负，它紧张激烈、对抗性强，要求参加队员速度快、灵活、多变，需要具备良好爆发力、灵活性和抗摔打能力，以及勇敢顽强的拼搏精神和集体主义观念。所以，经常参加轮滑运动锻炼十分有利对人的内在的勇敢、自信、认真、顽强、反思、独立、果断、团结、合作、拼搏向上、追求卓越、乐观、豁达等精神内涵的培养和提升。

2.能有效促进锻炼者多方面运动能力和身体素质及健康水平

轮滑运动特点决定了它非常有利于培养和增强人们的速度、灵敏、平衡、协调、耐力等身体素质和健康，以及挑战精神。协调身体素质，还能改善和提高人体的心血管系统、呼吸系统、运动系统的功能，促进新陈代谢，有效培养积极主动果断准确的判断能力、顽强沉稳的意志个性和拼搏奉献精神，有利于建设集体主义、爱国主义道德风尚，促进人体健康水平提高。

3.有效促进审美能力

体育属于艺术的范畴。速度轮滑无论从起跑、加速跑，还是倒滑行及其冲刺，其身体姿势和蹬地、团身和放脚着地之美之妙令人向往；花样轮滑是通过运动员完成各种复杂优美的滑行曲线和图案，并以优美的姿势做出各种跳跃、旋转及各种多变的步伐等技术动作，加上音乐的伴奏，给人以美的享受。目前，在国外，轮滑运动员在大的U形池上做各种高难、惊险、刺激的表演，使轮滑运动又增加了新的内容。特别是轮滑的速度、花样的高难度的惊险跳跃和旋转动作，经常让人叹为观止。轮滑具有较强锻炼价值和观赏价值，对促进人的审美能力和吸引人追求真善美的健全健康生活有积极作用。

4.能调节精神情绪，缓冲学习和生活压力

参加轮滑运动锻炼，是调节精神情绪、缓冲学习压力、改善身体状态的一种有效手段。参加轮滑运动锻炼不仅能掌握技能提高技能，还有利于强身健体，同时还能转移注意、调节和缓冲情绪与压力。

5.有效减少疾病和提升幸福指数

运动能促进生命健康，提升人体生命质量。经常运动的人比缺乏运动的人，往往更乐观、更健康、更幸福、更有生命力。我国和世界发达国家提倡和重视全民健身，甚至上升到国家战略，就是要增强国民体质和提高公民健康与幸福指数。

第二节 轮滑鞋的选择和装备与护具的穿戴方法

一、轮滑鞋的选择

进行轮滑运动，最首要、最基本的装备，就是有一双合适的轮滑鞋了。

现在市场轮滑鞋种类繁多，轮滑鞋的分类有速滑鞋、平花（平地花式）鞋、极限鞋、速降鞋、休闲鞋、越野鞋；有双排的、单排的，而且目前单排轮滑鞋已成为主趋势。怎样选择适合自己的轮滑鞋呢？选择轮滑鞋应该根据个人基础、兴趣、目的和脚的大小来选择。

单排鞋较适合极限，速滑、FSK、平花、休闲。

针对初学者而言，我们认为，首先不选速滑鞋。速滑鞋对脚踝力量要求较高，而初学者脚踝力量不足，还没有轮滑基础，所以，对于初学者，我们首先不买速滑鞋。

极限鞋、越野鞋、速降鞋更不适合，如果我们没有什么轮滑基础，买这些鞋根本不合适。

针对轮滑初学者，我们建议购买休闲轮滑鞋为好。休闲轮滑鞋有两种，有双排，也有单排，单排已成主流。

在单排或直排休闲轮滑鞋中，一种是鞋帮内外都软面，另一种是鞋帮外硬体，鞋内有软衬护脚；二者价位差不多。

初学轮滑者应购买后者鞋帮有硬体，鞋里有可卸下便于清洗的护脚软垫轮滑鞋。该鞋对初学者脚踝保护性好，便于学习和掌握技能。

但要注意，在鞋帮硬面硬体的休闲轮滑鞋中，还有两种：第一种是四个轮子大小不一，中间两个轮子稍大、前后轮子稍小的鞋，俗称花式休闲鞋或花式轮滑鞋。虽然它容易做出花样，但这种鞋正是因为四轮大小不一，中间大、前后小，轮子支撑面积稍小，更易滑动、变向、做出花样，但在站立或蹲立及快速滑行时，其稳定性差些。对于初学者和以速度为主体的锻炼，这鞋不很理想。第二种是四个轮子大小一致的鞋，它四轮能同时着地支撑，支撑面积相对较大较稳，更容易控制重心稳定，滑行起来还有较大速度。后一种款式休闲鞋，既更利于初学者获得一定动感，又能较好控制重心的平衡。

综上所述，初学者选择轮滑鞋时，选择购买这种鞋帮硬体、里衬软式护脚、四轮大小相同的休闲轮滑鞋或轮滑球鞋最为合适。还应注意的是，鞋子要大小合适，原则不能大，更不能小的蹩脚。

二、轮滑装备与护具的穿戴方法

（一）关于轮滑装备与护具

作为一名轮滑初学者，最基本、最必需、最重要的装备就是轮滑鞋。但是，为了更安全，仅有轮滑鞋还不够，还必须配备头盔（护头）、护肘、护膝与护掌等护具。优质的护具强调包覆性、透气性、吸震效果及坚固等要求。

（二）轮滑装备与护具的穿戴

穿戴护具与装备前，首先，熟悉了解轮滑鞋结构与各部分性能，尤其是检查轮子是否松动？怎样穿鞋紧扣？怎样脱卸松扣？护头、护膝、护肘、护掌怎样穿戴？

熟悉器具装备后，才开始穿戴。穿戴装备时，有一个正确合理顺序，即依次穿戴头盔、护肘、护膝、轮滑鞋、护掌。脱掉是次序相反。

穿戴的装备不要过松，适宜的紧些为好，穿戴轮滑鞋，将鞋带和鞋扣系得稍紧些，尽量鞋脚一体，不要松散。其他装备如是要求。

第三节　轮滑教学内容

轮滑课程教学第一学期，主要学习速度轮滑正向滑行，包括直道滑行、弯道滑行和惯性转弯，以及减速制动技术和技巧。

第二学期教学内容，一是复习强化第一学期内容；二是学习倒滑，包括倒滑直道滑行、弯道滑行、正滑转倒滑和倒滑转正滑，以及减速、制动等基本滑行技术和技巧。

一、第一学期教学内容

（一）直道滑

1.安全教育和基本站立方法

（1）安全教育的意义。

安全，在任何领域都无比重要。可以说，没有安全就没有一切。所以，体育教学就得安全至上。缺乏安全或没有安全的教育教学，根本谈不上优质的教育教学质量。因此，体育课要把安全教育放在首位，时刻牢记安全意识，并且，把安全意识和安全措施落实到课堂始终，提醒学生课下课外运动也要注重安全。特别是摔倒的方法、护具穿戴、教学组织中学生前后、左右之间的空间距离，必须牢记于心，并不断提醒注意，以安全教学，尽全力预防运动伤害事故发生。

（2）基本站立方法。

初学者初次穿上轮滑鞋站起来，会因为轮子滑动而站立不稳，存在安全隐患，初学者首先应练习站立。不会站立和站立不好，都不利于行走和移动重心。不能很好行走和移动身体重心，当然无法学好轮滑。毫无疑问，对初学轮滑者而言，站立是移动重心和学好轮滑的重要基础。因此，首先应重视学习基本站立方法与要求，不要急于求成，往往欲速则不达。

A.平行站立法（图2–1）。

【动作要领】两脚自然分开并接近肩宽，脚尖向前，微微屈膝，两脚立轮正刃支撑压住地面，身体重量平均分布在两脚上。

B.V字站立法（图2–2）。

【动作要领】V字站立，也称“V”字形站立。两脚脚尖自然分开，形成自然开角，两脚跟靠近。

C.丁字站立法（图2–3）。

图2–1　　图2–2　　图2–3

【动作要领】两脚呈丁字步站立，前脚跟顶住后脚的脚弓，两膝微屈，重心稍偏于后脚，上体稍微前倾。

2.原地移动重心练习（图2-4，视频2-1）

图2–4–a　　图2–4–b　　图2–4–c　　视频2–1

（1）原地微微左右移动身体。

本动作内容适合于初学者刚穿上轮滑鞋的体验，主要作用一是建立稳定双支撑，二是感受移动重心感觉和把控运动平衡。在此基础上，过渡到下面动作练习。

【动作要领】在两脚平行站立的基础上，身体重心均匀压在两脚上，注意两脚立轮或平刃支撑地面，此时就是稳定双脚支撑状态，然后不用抬脚，身体向侧微微平移，再向另一侧慢慢平移，感受身体和身体重心有平移的感觉。

（2）原地不抬腿的左右移动重心（图2–5，视频2–2）。

图2–5–a　　图2–5–b　　视频2–2

本练习内容是初学者学习基本姿态、提高下肢力量、建立移动重心正确感觉极其重要的手段与方法。

【动作要领】在两脚平行站立、与肩同宽或略比肩宽的基本姿态基础上，上体向一侧移动，并顺势将身体重心完全平移至这一支撑腿上（重心腿一侧的轮子、大腿小腿和鼻尖处在同一平面），移动重心到位后，稳定1～2秒，上体再向另一侧移动，并将身体重心完全平移至另一腿上，要反复练习，这是滑行中横向移动重心的重要基础。记住身体重心平移，并且完全到位。

（3）原地微微抬腿的左右移动重心（图2–6，视频2–3）。

图2–6–a　　图2–6–b　　图2–6–c　　图2–6–d　　视频2–3

此练习有两个重要作用，一是强化基本姿势，加强初学者腿部力量；二是建设和体验单腿平衡。它是初学者轮滑学习的重要手段，是今后滑行重要的基础。

【动作要领】在两脚保持平行与肩同宽或比肩稍宽的站立基础上，屈髋屈膝保持蹲位，重心在双脚，双脚正刃支撑。然后身体向一侧移动，当身体重心完全平移到这一支撑腿上时（重心腿一侧的轮子、大腿小腿和鼻尖处在同一平面），之后浮腿伸展脚踝，足跟拔起，前轮微微离地向上抬离开地面3～5厘米，随后就下放。然后向另一侧平移重心到位后，重复交替练习即可。

（4）原地左右移动重心结合抬腿并拢的单腿支撑练习（图2–7，视频2–4）。

此练习内容主要作用，就是建设稳定基本姿态，锻炼下肢力量，体验收腿方法和帮助学生感受体验单支撑的运动感觉，对向前滑进中单腿支撑平衡的创建有重要帮助。

图2-7-a　图2-7-b　图2-7-c　图2-7-d　视频2-4

【动作要领】在双脚平行站立，相距肩宽或略比肩宽距离，保持身体屈髋屈膝两脚立轮正刃支撑，重心压在两脚中间的基本姿势基础上，将身体重心完全移到一条腿上（重心腿一侧的轮子、大腿小腿和鼻尖处在同一平面），稳定1～2秒，然后慢慢将一条腿（浮腿）抬起（可屈膝，也可伸展腿），离地5～10厘米，并以大腿主动带动小腿靠近或并拢支撑腿，再交换重心，同时保持支撑腿屈髋屈膝状态。

（5）原地站立踏步移动重心（图2-8，视频2-5）。

图2-8-a　图2-8-b　图2-8-c　图2-8-d　视频2-5

本练习和前面练习一样，都为滑行做铺垫和准备，是必不可少的练习内容和手段。

【动作要领】在两脚平行站立的基础上，重心移到左脚上，右腿弯曲上抬，使脚离地10～50厘米，右脚落下，重心同时移到右脚上；随后左腿弯曲上抬，使脚离地10～50厘米，左脚落下时，重心同时移到左脚上。交替连续做，这是向前迈步和滑行的基础。

（6）原地蹲起练习（图2-9，视频2-6）。

图2-9-a　图2-9-b　图2-9-c　视频2-6

本练习也是初学者学习体验的非常有益的重要内容，它可以帮助初学者开始体验重心变化的动平衡，是循序渐进培养学生平衡能力、勇敢、胆量不可缺少的内容和手段。

【动作要领】两脚平行站立或V字站立，做向下下蹲再起来的动作。注意开始学习体验时，慢蹲，慢起，上体保持稍微前倾，避免上体后倾和过分前倾。注意保持重心垂直升降起落，待熟练适应后，蹲起速度稍微加快。这是提高平衡和适应能力及预防重重跌倒的重要基础。

图2-10-a　图2-10-b　图2-10-c　图2-10-d　图2-10-e

图2-11-a　图2-11-b　图2-11-c　图2-11-d

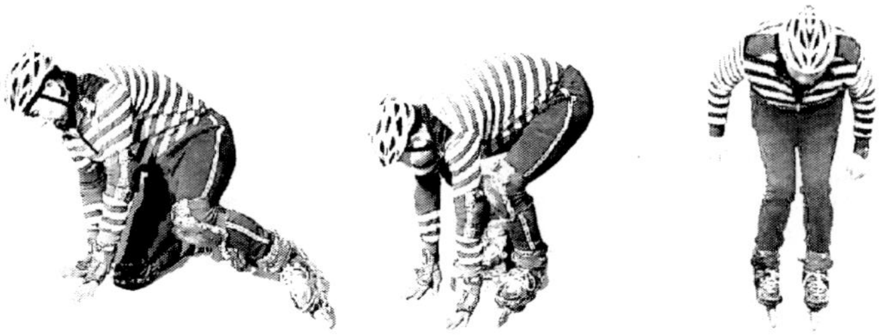

图2-12-a　图2-12-b　图2-12-c　视频2-7

（7）原地跌倒和站起方法（图2-10、图2-11、图2-12，视频2-7）。

【动作要领】无论向何方向跌倒，在要求和方法上，特别注意，降低重心，身体顺势由下向上依次着地，避免头部先着地，同时双手顺势积极支撑，并屈肘缓冲。跌倒后，站起来的最好方法，首先是面对地下；然后，团紧身体，手脚靠近；最后，低头抬臀缓缓站起。

（8）原地低姿高抬腿单支撑练习（图2-13，视频2-8）。

【动作要领】在原地踏步和原地抬腿基础上，逐渐提高要求，最后将大腿抬至腹前，特别注意，保持支撑腿屈髋屈膝、躯干前倾和重心稳定，防止重心和上体后仰。

图 2-13-a　图 2-13-b　图 2-13-c　图 2-13-d　视频 2-8

（9）原地高抬腿横向移动重心的单支撑（图2-14，视频2-9）。

图 2-14-a　图 2-14-b　图 2-14-c　图 2-14-d　图 2-14-e　视频 2-9

【动作要领】双脚平行站立，相距一脚距离，保持身体屈髋屈膝的基本姿势，同时满足两脚立轮正刃支撑基础上，将身体重心完全移到一条腿上，然后辅腿大腿高高抬起于腹前，稳定片刻，并迅速向抬腿一侧侧移重心近肩宽，落脚刹那重心同步到位，并屈膝半蹲，保持两腿左右打开，最后浮腿团身并拢支撑腿，保持支撑腿屈髋屈膝状态，停留片刻。交替反复练习原地单腿支撑，这是向前滑进中单腿支撑平衡的基础，又是锻炼胆量好机会。

（10）两脚原地前后滑动（视频2-10）。

【动作要领】在双脚平行站立，相距一脚距离，保持身体屈髋屈膝的基本姿势，同时满足两脚立轮正刃支撑基础上，做一只脚向前，另一只脚向后来回滑动。特别注意，两脚前后滑动始终保持平行，重心始终在两脚中间，两膝微屈，两臂自然下垂，像走路一样与两腿配合。

3.行进中迈步移动重心

（1）向前V字走（视频2-11）。

【动作要领】在V字脚站立的基础上，重心移到一只脚，另一只脚抬起向前迈出一小步，膝脚外转，落地时立轮、立脚踝，两脚保持135°～150°夹角，两脚交替迈步移动前行。正确地移动身体重心和迈步，是掌握正确滑行的基础。

（2）走步转弯（视频2-12）。

【动作要领】在V字脚站立的基础上，重心移到一只脚，另一只脚抬起，膝脚外转，略向前迈出一小步，在V字脚行走基础上，逐渐两脚稍内收，落地夹角变小，接近两角平行或两脚之间夹角10°～12°，两脚交替迈步移动前行，特别注意脚落地时立轮、立脚踝。走曲线时，注意身体向转弯方向稍微倾斜即可。

（3）横向和侧前向迈步走（视频2-13）。

【动作要领】在两脚平行站立的基础上，两脚相距约10厘米，抬起一条腿，身体带动腿向一侧移动一步，步幅接近肩宽。特别注意，在移动过程中，脚落地刹那，既要保持重心同步跟上，同时，又确保移动脚立脚踝、立正轮正刃支撑，然后另一腿脚跟过来靠拢。再继续连贯进行。

视频2-10　视频2-11　视频2-12　视频2-13

4.直道滑行练习（图2-15）

（1）速度轮滑滑行基本姿势。

无论双脚滑行，还是单脚滑行，滑行基本姿态强调屈髋屈膝蹲姿。躯干与水平面夹角15°～20°，支撑腿大腿与躯干夹角60°～70°，膝角或支撑腿大小腿之间夹角115°～125°，目视前下方。

图2-15-a

图2-15-b

（2）低姿走与蹬地双脚滑行（视频2-14）。

【动作要领】保持滑行基本姿势的走，关键注意有三点：一是抬腿控制身体重心平稳的移动；二是迈步要稍小，步幅略小于肩宽，同时保持落脚着地同时，重心同步到位，并正刃支撑；三是在重心协调到位基础上，适当注意侧向蹬地打开双腿，保持双脚滑行。

视频2-14

保持滑行基本姿态的降低重心的走步移动练习，其优点是重心稳、不易失控，还能锻炼下肢力量。

（3）左右脚交替蹬地单脚滑行（视频2-15）。

视频2-15

【动作要领】在前面内容手段基础上，注意一条腿侧向蹬地和蹬地之后及时团身收腿回靠滑行腿，并形成单脚继续滑行状态，在保持一段滑行后，重心侧移放脚支撑，变化重心腿，另一条腿交替蹬地团身，继续形成单脚滑行状态。

视频2-16

（4）高姿势交替蹬地单脚滑行（视频2-16）。

【动作要领】此动作用于刚学习体会单脚滑行时和低姿势滑行较累时，进行调整。

（5）低姿势交替蹬地配合摆臂单脚滑行（图2-16，视频2-17）。

此动作用于巩固滑行基本姿态和增强上下肢协调运动时。

【动作要领】蹬地方向为侧向，髋膝踝依次连贯发力，注意蹬地与摆臂相结合，回收腿脚与回收臂部相结合。

（6）高姿左右交叉步交替练习（视频2-18）。

图2-16-a　图2-16-b　图2-16-c　图2-16-d　视频2-17　视频2-18

【动作要领】此动作主要用于学习弯道练习前的专项热身和诱导性学习的准备或适应性基础练习，通过该动作培养重心移动协调性和灵活性。采用该动作练习时，注意做到髋部带动大腿、大腿带动小腿与脚向侧前方交叉，当放脚着地时，确保重心同时到位和正刃支撑，并稍屈髋屈膝。当重心到位后，可直接连续做交叉压步移动，变换重心腿。

（二）弯道滑

1.迈步行走的重心移动

（1）走步式转弯（视频2-19）。

【动作要领】在V字脚行走基础上，逐渐两脚稍内收，落地夹角变小，接近两角平行或两脚之间夹角10°～12°，两脚交替迈步移动前行，特别注意脚落地时立轮、立脚踝。走曲线时，注意身体向转弯方向稍微倾斜即可。

视频2-19　视频2-20

（2）高姿左侧交叉步练习（视频2-20）。

【动作要领】两脚相距与肩同宽，两脚立轮正刃支撑，在两脚平行站立基础上，身体重心向左侧移动到位后，顺势抬起右腿越过左脚，向左侧方向下放腿脚，当落地脚着地刹那，身体重心同步移动到落地右脚上，并保持移动腿落地时稍屈髋屈膝，而此刻两腿形成交叉，然后另一条腿跟过来，脚尖向前，并保持两脚接近肩宽的步幅或距离落地，反复进行。

（3）低姿左侧交叉步练习（图2-17，视频2-21）。

【动作要领】同上面高姿势左侧交叉步要求，但是不同点在于，强调运动过程身体姿态的屈髋屈膝和身体向圆心内倾斜更加明显。

（4）低姿势走步式结合交叉步行走（视频2-22）。

图2-17-a

图2-17-b

图2-17-c

视频2-21　视频2-22

【动作要领】在迈步移动重心向前小步行走，在稍有惯性基础上，身体向左侧稍倾斜形成走步式转弯。随着运动惯性，当左脚支撑重心时，顺势将右脚抬起，做向左侧交叉压步变换重心，右脚落地刹那，右脚支撑身体重心，随即左脚抬起，靠近右脚并拢下放。左脚着地刹那，重心转移或变换到左脚上。之后右脚抬起继续向左侧交叉换步变换重心行走。

2. 弯道滑行

弯道滑行学习和体验是弯道技术不可缺少的重要内容方式与手段。

（1）重心在左脚而右脚连续蹬地收腿做短步转弯（视频2-23）。

短步转弯是形成弯道交叉压步的重要基础和手段，对学习和稳定左侧运动面非常有益。

（2）低姿蹬地左侧交叉步练习（视频2-24）。

【动作要领】本内容和手段，在熟练短步转弯和能连续完成左侧交叉压步动作后，进一步学习弯道技术时运用，本手段强调速滑基本姿态和蹬地具体动作要求与质量。

（3）直道结合弯道交叉步低姿滑行练习（视频2-25）。

【动作要领】本内容手段，适宜在基本掌握了直道滑行和弯道交叉压步滑行基础上，进一步系统学习时，将直道滑行与弯道滑行结合起来，并强调速度轮滑滑行姿势和直道弯道结合技术细节。

（4）弯道顺势惯性转弯减速（视频2-26）。

视频2-23　视频2-24　视频2-25　视频2-26

【动作要领】惯性转弯主要用于学习弯道、弯道双支撑滑行、弯道压步重心调整，或顺势减速或准备转弯急停或正滑转倒滑等，是其他动作变化的基础与枢纽。

以向左惯性转弯为例，当右髋带动右腿向左侧交叉压步落地，保持右脚落地刹那，重心压在右脚时，同时左腿左脚向右侧蹬地伸展，并及时连贯收左腿左脚，收回左脚靠近右脚内侧下放刹那时，身体重心稳稳在两脚之间，并略偏前面左脚，保持双支撑惯性曲线滑行。

（5）结合起跑的完整技术滑行（视频2–27）。

【动作要领】本动作主要是在基本掌握了起跑、直道滑行和弯道滑行之后，进一步系统综合练习时采用。

（三）减速与制动

1.单脚内扣式减速法（视频2-28）

本减速动作主要适用于轮滑初、中级阶段。

【动作要领】在滑行中，想减速时，重心后留，两脚依次连贯，脚尖稍内扣抬起放脚，以内刃切压地面交替减速。

2.双脚内扣式减速法（视频2-29）

这种方法，也叫内八字减速停止法，主要适用于轮滑慢速和中速。

【动作要领】在获得一定向前滑行速度后，双脚平行分开站立，随后两脚尖内扣，形成内八字，并以轮内刃柔和压紧地面，两腿弯曲，上体稍前倾，臀部下蹲，两臂前伸，维持平衡，逐渐减速至停止。

3.双脚转弯减速制动法（视频2-30）

这是一种稳定的减速制动法。它适用于水平较高选手，常常在中速和高速滑行时应用。

【动作要领】本动作方法，就是利用惯性转弯的动作来消耗掉滑行的速度惯性，逐渐减速直至停止。

另外，利用惯性转弯减速基础上，还可衍生出双脚平行减速制动法，也叫侧向停止法。该减速停止法适用于技术较高的人，技术不高的人须慎用。

特别注意，在双脚惯性转弯滑行基础上，身体迅速向一侧转体90°，与此同时，两脚也随之转动90°左右，并前后平行分开，同时身体重心要急速降低并后留，两脚的前脚外刃和后脚内刃充分切压地面加强摩擦，能较迅速减速制动。

4.T字减速制动法（视频2-31）

视频2–27　视频2–28　视频2–29　视频2–30　视频2–31

【动作要领】当左脚支撑滑行时，上体抬起直立，右脚脚尖外转，右脚横放在左脚后面，两脚呈“T”形，使右脚的轮子横向与地面摩擦。两腿弯曲，重心下降并逐渐移向右脚，加大摩擦，使之减速直至停止。

T字减速法，身体重心在前腿，常适用于任何水平的选手。如果想加快减速急停，后脚轮内刃应加大与地面摩擦。

二、第二学期教学内容

（一）正滑

1.复习并规范直道弯道滑行和惯性转弯减速与制动（视频2-32）

【动作要领】重心移动到位，确保三点一线一面；蹬地有弹性并伸展大方；收腿连贯；单腿充分滑行；惯性转弯确保重心在两腿之间，略偏前腿，同时身体适当向转弯圆心倾斜。

2.起跑技术（视频2-33）

轮滑起跑口令包括各就位、预备和起跑（或鸣枪）三个环节。轮滑起跑技术包括预备姿势、起动和疾跑三个环节。

【动作要领】以半侧向起跑为例，各就位时，身体积极站在预跑线后，两脚呈丁字步站立（或两脚平行站立与肩同宽），身体与前方预跑线成约45°。听到预备口令时，屈髋屈膝降低重心，目视前方，两臂自然弯曲，并开肩抬肘，同时两脚内刃压紧地面控制平衡，重心在两脚之间。听到起跑口令时，后脚快速蹬地，同时身体迅速转向前方，同时两臂积极摆动，前脚稍抬起快速外转向前一小步，随即两脚交替外八加速疾跑，起动后疾跑阶段的身体重心较高、步幅越来越大。疾跑中一要注意提髋送髋向前跑，二要注意后蹬。起动后疾跑八步左右，进入重心较低的滑跑或滑行阶段。

3.终点冲刺技术（视频2-34）

【动作要领】即运动员接近终点时，双脚支撑刹那，此时身体重心在两脚之间，重心稍后移，其中前脚箭步飞出向前抵达终点，这最后一步，也称为冲刺步。轮滑终点判断名次是以脚抵达终点顺序为准。

4.“T”形减速制动法（视频2-35）

视频2-32　视频2-33　视频2-34　视频2-35

【动作要领】当左脚支撑滑行时，上体抬起直立，右脚脚尖外转，右脚横放在左脚后面，两脚呈“T”形，使右脚的轮子横向与地面摩擦。两腿弯曲，重心下降并逐渐移向右脚加大摩擦，使之减速直至停止。

T字减速法，常适用于初学者和滑速较慢时，如果想加快减速急停，重量应更多地压在后脚上。

（二）倒滑

1.向前向后滑椭圆练习

熟练向前向后滑椭圆练习，是连续向前或向后滑椭圆，以及倒滑的基础。

【动作要领】首先，从V字站立开始，然后，屈髋屈膝保持重心半蹲，重心前移，两脚向两侧蹬地，在两脚同时向前滑动基础上，当两脚同时两侧蹬地打开近两肩宽时，两脚尖内扣，同时立轮立正刃，大腿主动发力带动膝关节和小腿回收靠近，直至两脚尖靠近呈八字形停止。两脚运行轨迹如同一个椭圆或较长的椭圆，这就是向前滑椭圆。在两脚内八字形停止位，重心后移，同时两脚向两侧蹬地，当两脚向后滑动近两肩宽时，脚跟后轮扭动靠近，随即立轮立刃，大腿带动小腿回收靠近，直至两脚形成V字脚停止为准，这就完成了向后滑椭圆。

2.连续向前滑葫芦（视频2-36）

视频 2–36

【动作要领】从两脚V字站立开始，然后屈髋屈膝保持重心半蹲，重心前移，同时两脚向两侧蹬地，随即两脚向前滑动；当两脚同时两侧蹬地打开近两肩宽时，两大腿主动发力带动膝关节和小腿与脚回收，同时两脚尖内扣，并注意边收腿边立轮；当两脚靠近时，主动变两脚平行前轮向前，凭借运动惯性，再顺势两脚同时向两侧蹬开；当两脚距离接近两肩宽时，再注意大腿发力带动膝脚回收，同时两前轮内扣，并注意边收腿边立轮；当两脚靠近时，主动变两脚平行前轮向前。反复练习，体会身体两腿两脚的协调向前运动。

3.连续向后滑葫芦（视频2-37）

视频 2–37

【动作要领】从两脚平行站立开始，然后，屈髋屈膝保持重心半蹲，重心后移，重心在两脚之间，同时两腿两脚向两侧蹬地，随即两脚向后滑动；当两腿两脚同时向两侧蹬地打开近两肩宽时，两大腿主动发力、带动腿脚向内同时扭动脚跟回收靠近；在收腿过程中，注意边收腿边立轮；当两脚靠近时，主动变两脚平行，凭借运动惯性，再顺势两脚同时向两侧蹬开；当两脚距离接近两肩宽时，再注意大腿发力带动膝脚向内同时扭动脚跟，回收靠近，在收腿过程中，注意边收腿边立轮，当两脚靠近时，主动变两脚平行。反复练习，体会身体两腿两脚的协调向后运动。

4.倒滑直道滑（后双曲线）（视频2-38）

视频 2–38

【动作要领】从两脚平行半蹲位开始，移动重心到一只脚，使得鼻尖、重心腿膝尖、脚尖形成三点一线，同时另一只脚向侧蹬地，蹬地腿接近蹬展刹那，连贯快速扭动脚跟顺势滑动收回靠近滑行腿。之后将重心变换到另一只脚准确到位，同时对侧脚蹬地扭动足跟滑行，收回靠近重心脚或滑足。反复移动重心，蹬地扭足滑行，形成后滑双曲线。

做倒滑直道滑或后双曲线滑行前，可以体验向后踏步练习。

5.倒滑弯道（向左侧压步）（视频2-39）

【动作要领】当重心在左脚上，右脚蹬地扭动足跟向左脚外侧滑过，形成右腿在前、左腿在后的交叉步，同时变换重心落在右脚上（并保证右脚脚尖、右膝尖与鼻尖三点一线），身体继续向左侧或圆心方向挤靠，同时左脚收回向左侧后方落地支撑；当左脚落地刹那，重心同步换到或移到左脚；当左脚落地，继续重复右脚动作。

视频 2–39

倒滑压步前，可做些连续单侧蹬地诱导练习。

6.倒滑弯道（向右侧压步）（视频2-40）

视频 2–40

【动作要领】当重心在右脚上，左脚蹬地扭动足跟向右脚外侧滑过，形成左腿在前、右腿在后的交叉步，同时变换重心落在左脚上（并保证左脚脚尖、左膝尖与鼻尖三点一线），身体继续向右侧或圆心方向挤靠，同时右脚收回向右侧后方落地支撑；当右脚落地刹那，重心同步换到或移到右脚；当右脚落地，重心在右脚时，继续重复左脚动作。

7.倒滑减速与制动（视频2-41）

【动作要领】以重心在左腿为例。当重心在左腿滑行时，躯干稍前倾，右腿收腿后，右脚外旋与左脚垂直，并向左腿滑动方向用右脚内刃沿着地面快速伸出与地面摩擦减速。

视频 2–41

8.正滑转倒滑（视频2-42）

【动作要领】向前滑行，当左脚蹬地时，重心一定在滑行的右腿上。（以重心在右腿为例）特别注意，借助重心在右腿和左脚及时蹬地，身体以右脚为支点，顺势向左后扭转躯干和臀部180°，同时左腿借助蹬地时的反作用力，及时将左臀部、大腿和小腿向转体后的方向引带，并使左脚跟向后，快速移动靠近右脚或略偏右脚后，随后右脚顺势使两脚脚跟指向一致，重心保持在右腿。当转体后，重心还落在右脚时，再将重心移动到左脚，同时右脚蹬地，自然衔接倒滑。

视频 2–42

9.倒滑转正滑（视频2-43）

【动作要领】当倒滑重心在右脚上，左脚蹬地后迅速扭动脚跟靠近右脚，收回到右脚后刹那，左脚外转180度并下放，并及时配合身体左后转180度，重心移动到左脚，形成向前的滑动，衔接正滑。

视频 2–43

10.正滑转倒滑（视频2-44）

综合练习内容与顺序为正滑转倒滑—倒滑直道滑—倒滑左侧连续压步—倒滑右侧连续压步—倒滑转正滑。

视频 2–44

第四节 轮滑（旱冰）课程教学设计

一、课程简介

轮滑是一门实践型技术课程，它适用于各年龄段轮滑爱好者学习和锻炼，尤其更符合青年学生学习与锻炼。

作为课程，学校可将其设定为必修课，也可作为选修课。可学习两学期或一学期。本课程设计提供了一年两学期设计方案，有明确教育目的和目标，并有教学进度、考试方案等设计，为各级各类学校和广大教师、青年学生，以及轮滑爱好者科学学习和锻炼提供借鉴。

二、课程目标

轮滑教学基本目标是为广大青年学生和轮滑爱好者强身健体、健康成长、丰富生活、健康幸福生活服务。具体可分为以下六个领域目标。

（一）运动参与目标

积极参与各种体育活动并基本形成自觉锻炼的习惯，基本形成终身体育的意识，能够编制可行的个人锻炼计划，具有一定的体育文化欣赏能力。

（二）运动技能目标

熟练掌握轮滑的正滑、倒滑的基本方法和技能；能科学地进行体育锻炼培养，学习者的勇敢、果断、顽强和毅力，有效提高练习者平衡、灵敏等运动能力；掌握常见运动创伤的处置方法和增强抗摔能力。

（三）身体健康目标

能测试和评价体质健康状况，掌握有效提高身体素质、全面发展体能的知识与方法；能合理选择人体需要的健康营养食品；养成良好的行为习惯，形成健康的生活方式；具有健康的体魄。

（四）心理健康目标

根据自己的能力设置体育学习目标；通过经常自觉地参与体育活动，改善心理状态、克服心理障碍、养成积极乐观的生活态度；运用适宜的方法调节自己的情绪；在运动中体验运动的乐趣和成功的感觉。

（五）社会适应目标

表现出良好的体育道德和合作精神；正确处理竞争与合作的关系。

(六)发展与创新精神目标

根据自己实际，在学习与生活中，建设和发展学生体育精神目标。除重视认真、积极、主动精神培养外，更要在学习和生活中，重视培养合作、独立、勇敢、勤奋、果断、坚定、反思与豁达精神，以及发展与创新精神、发展和创新思维及能力培养，成为与时俱进、内涵丰富、正能十足真正意义上的新人！

三、学时分配

1.第一学期教学内容32学时

课程序号	具体内容	学时
一	轮滑运动简介、安全教育	0.5
二	基本站立	0.5
三	原地移动重心诱导练习	2
四	迈步移动重心实操练习	3
五	直道滑行	10
六	弯道滑行	11
七	摆臂技术、起跑	1
八	减速方法（制动器减速法、扣脚式减速法、惯性转弯减速法）	2
九	考试	2

2.第二学期教学内容32学时

课程序号	具体内容	学时
一	安全教育和新学期学习要求	0.5
二	复习直道弯道滑行技术	2
三	正向滑葫芦	1
四	倒向滑葫芦	1
五	正滑起跑及终点撞线	0.5
六	倒滑的直滑	8
七	倒滑向左侧压步	10.5
八	倒滑向右侧压步	2
九	正滑转倒滑	2
十	倒滑转正滑	2
十一	倒滑减速与制动	0.5
十二	考试	2

四、教学内容及进度

1. 第一学期教学内容与进度

课次	教学内容	重点与难点
1	1. 轮滑运动简介与安全教育 2. 熟悉轮滑鞋 3. 明确基本站立意义和三种基本站立方法 4. 原地横向移动重心练习 5. 蹲起练习 6. 原地抬腿踏步练习 7. 向前行走和走步式转弯	重点：立轮正刃支撑 难点：支撑与行走
2	1. 复习和提高原地横向移动重心练习、蹲起练习、原地抬腿踏步练习 2. 学习跌倒和站起练习 3. 复习和提高向前行走能力 4. 学习交替蹬地接双腿滑行	重点：立轮正刃支撑 难点：支撑与行走
3	1. 复习和提高向前行走能力 2. 学习走步式转弯练习 3. 学习横向迈步和侧前向迈步重心移动 4. 进一步学习交替蹬地接双脚滑行	重点：重心移动到位和双脚滑行 难点：重心移动到位
4	1. 进一步熟练横向迈步和侧前向迈步重心移动 2. 进一步学习交替蹬地接双脚滑行 3. 学习交替蹬地单脚滑行 4. 学习摆臂技术和结合蹬地收腿单脚滑行	重点：重心移动到位和单脚支撑 难点：单脚滑行
5	1. 进一步熟练重心移动，提高单脚支撑和平衡协调能力 2. 进一步学习蹬地单脚滑行 3. 学习短步转弯技术 4. 学习交叉步滑行	重点：重心移动到位和单脚滑行 难点：单脚稳定滑行
6	1. 进一步规范直道滑行技术 2. 进一步体会弯道转弯 3. 改善和提高弯道交叉压步技术	重点：蹬地团身和单脚滑行 难点：弯道交叉压步滑行
7	1. 进一步熟练直道单腿滑行 2. 提高平衡、果断和胆量 3. 进一步熟练弯道压步能力 4. 学习弯道交叉压步惯性转弯滑行	重点：蹬地团身和单脚滑行 难点：弯道压步双腿滑行

续表

课次	教学内容	重点与难点
8	1.进一步规范直道滑行 2.学习结合蹬地的弯道交叉压步技术 3.熟练弯道惯性转弯的双腿滑行	重点：低姿态滑行 难点：弯道压步双腿滑行
9	1.复习提高直道滑行 2.介绍体会起跑技术 3.结合摆臂进一步规范正向滑跑技术 4.结合摆臂和蹬地进一步学习弯道压步 5.强调期末考试内容与要求	重点：直道低姿态滑行 难点：弯道压步单脚滑行
10	1.结合起跑和摆臂进一步规范正向滑跑技术 2.进一步学习和熟练弯道连续交叉压步能力	重点：直道低姿态滑行 难点：弯道压步单脚滑行
11	1.结合起跑和摆臂进一步规范正向滑跑技术 2.进一步学习和熟练弯道连续交叉压步能力 3.进一步熟练弯道惯性双腿滑行转弯	重点：直道、弯道低姿态滑行 难点：低姿态弯道连续交叉压步单脚滑行
12	1.全面复习改进提高正向直道和弯道滑行能力 2.学习弯道转弯减速与制动	重点：直道、弯道低姿态滑行 难点：转弯减速制动
13	1.全面复习考试内容 2.介绍右侧向的顺时针方向惯性转弯	重点：直道、弯道低姿态滑行 难点：转弯减速制动
14	1.全面复习考试内容 2.介绍惯性转弯多次变向练习	重点：熟练考试动作质量 难点：多变惯性转弯
15	1.全面复习 2.模拟考试练习	重点：积极主动、安全有效地复习考试内容 难点：熟练安全地提高动作质量
16	1.复习考试内容 2.考试	重点：积极熟练动作、较高质量完成考试 难点：积极主动、熟练安全、高质量地完成考试

2.第二学期教学内容与进度

课次	教学内容	重点与难点
1	1.简介本学期学习和考试内容 2.加强安全教育 3.复习正向直弯道滑行技术 4.介绍终点冲刺 5.学习“T”形减速制动法 6.学习向前向后滑椭圆练习	重点：滑行基本姿态 难点：“T”减速制动

续表

课次	教学内容	重点与难点
2	1.规范直道滑跑练习 2.进一步学习“T”形减速制动法 3.规范弯道压步技术 4.进一步熟练弯道惯性转弯减速与制动 5.学习倒滑葫芦	重点：滑行基本姿态 难点：弯道惯性减速与制动
3	1.复习正向滑行 2.进一步加强与改进弯道交叉步 3.进一步学习熟练减速与急停 4.熟练正滑葫芦 5.进一步学习倒滑葫芦	重点：滑行基本姿态 难点：弯道惯性减速与制动
4	1.全面复习提高正滑直弯道能力 2.进一步体会起跑技术 3.结合起跑的正向滑跑综合练习 4.复习正向滑葫芦和倒滑葫芦 5.学习倒滑直道滑	重点：倒滑直道滑行 难点：倒滑直道滑收腿放脚的位置
5	1.复习正向直道弯道滑行1000～1600米 2.结合起跑的直道滑行和减速与制动 3.复习正向滑葫芦与倒滑葫芦 4.学习倒滑直道滑 5.学习正滑转向倒滑技术	重点：倒滑直道滑行 难点：正滑转倒滑
6	1.复习正向直道弯道滑行1000～1600米 2.结合起跑的直道滑行和减速与制动 3.复习正向滑葫芦与倒滑葫芦 4.学习倒滑直道滑 5.进一步学习正滑转向倒滑技术	重点：倒滑直道滑行 难点：正滑转倒滑
7	1.复习正向直道弯道滑行1000～1600米 2.进一步学习正滑转向倒滑技术 3.复习提高倒滑直道滑 4.学习弯道倒滑短步转弯	重点：倒滑直道滑蹬地腿收腿放脚的位置 难点：熟练正滑转倒滑
8	1. 正向滑行强化练习 2.进一步学习正滑转向倒滑练习 3.倒滑直道滑行练习 4.进一步学习弯道倒滑短步转弯	重点：倒滑直道滑蹬地腿收腿放脚的位置 难点：熟练正滑转倒滑
9	1. 强化正向滑行技术 2.进一步学习正滑转向倒滑 3.学习正滑转倒滑衔接直道滑行 4.学习弯道倒滑向左交叉压步技术	重点：倒滑直道滑蹬地腿收腿放脚的位置 难点：倒滑连续左侧压步

续表

课次	教学内容	重点与难点
10	1.倒滑直道滑行跑强化练习 2.进一步学习正滑转倒滑衔接直道滑行 3.学习倒滑左侧压步 4.学习倒滑转正滑 5.正滑衔接倒滑、倒滑衔接正滑综合练习	重点：倒滑左侧压步 难点：倒滑连续左侧压步
11	1.复习倒滑衔接正滑 2.复习正滑衔接倒滑 3.复习倒滑左侧压步 4.介绍倒滑右侧压步 5.学习倒滑减速与制动	重点：熟练倒滑左侧压步 难点：开阔的运动视野
12	1.进一步学习倒滑减速与制动 2.复习倒滑直道和弯道左侧交叉压步 3.正滑倒滑互换的动作组合练习	重点：熟练倒滑左侧压步 难点：运动与运动视野之协调
13	1.进一步熟练倒滑弯道一个方向压步 2.动作串联组合练习（正滑转倒滑—倒滑直道滑行—倒滑弯道一个方向压步或短步转弯—倒滑转正滑）	重点：熟练倒滑左侧压步 难点：运动与运动视野之协调
14	1.进一步学习倒滑右侧压步 2.全面复习倒滑考试内容 3.根据个人情况有针对性练习与提高	重点：熟练考试动作 难点：协调运动与运动视野之协调匹配
15	1.考试正滑直道弯道和惯性转弯及其减速制动内容 2.全面复习倒滑考试组合内容	重点：完成正滑综合能力考试；积极熟练倒滑综合组合考试内容 难点：协调运动与运动视野之协调匹配
16	1.复习倒滑组合考试内容 2.考试	重点：积极熟练动作、高质量完成考试 难点：积极主动、熟练安全、高质量地完成考试

五、考核与评价方案

（一）第一学期考核评价方案

1.考核内容评价比例

（1）平时成绩20%。

（2）技能部分80%。

2.考核标准细则与方法

（1）平时成绩考核计分细则20分（出勤、学习投入程度、进步幅度）。

出勤方面：满勤5分。请假缺课1次扣1分，缺课4次重修；旷课1次扣10分，3次旷课不评价成绩重修。

学习投入程度：经常积极主动认真专注5分、一般3分、很差1分。

进步幅度：巨大或很大10分、一般6分、很小3分。

（2）课堂技能考核计分细则80分（直道滑跑40分、弯道滑跑30分、惯性转弯10分）。

•直道滑跑细则（40分）：

优秀（38～40分）：动作规范，重心移动、支撑、侧蹬准确大方，动作连贯、滑跑流畅。

良好（32～34分）：动作较规范，重心移动基本到位，动作连贯、滑跑较流畅。

及格（25～26分）：动作基本规范，滑行欠连贯、不熟练 。

不及格（20分）：动作明显不规范、不连贯、不流畅。

•弯道滑跑细则（30分）：

优秀（28～30分）：动作规范，重心移动、支撑、侧蹬准确大方，压步动作连贯4次以上，且滑跑流畅。

良好（24～25分）：动作较规范，压步动作能连续完成4次，但欠准确、大方，滑跑较流畅。

及格（20～21分）：动作基本规范，滑行欠连贯、不熟练 。

不及格（15分）：动作明显不规范、不连贯、不流畅。

•惯性转弯技术技能（10分）：

优秀（9～10分）：滑行中能及时准确熟练地完成一侧转弯。

良好（7～8分)：滑行中能完成惯性转弯，但不够准确和熟练。

及格（6～7分)：动作不连贯、明显减速才能勉强完成。

不及格（3～4分）动作明显不自然、不连贯、不流畅性，减速还不能完成动作。

（二）第二学期考核评价方案

1.考核内容评价比例

（1）平时成绩20%。

（2）步道乐跑30%。

（3）技术技能50%。

2.考核标准细则与方法

（1）平时成绩计分细则。

出勤：满勤5分。请假缺课1次扣1分，缺课4次重修；旷课1次扣10分，3次旷课不评价成绩重修。

课上学习投入程度：经常积极主动认真专注5分、一般3分、很差1分。

进步幅度：巨大或很大10分、一般6分、很小3分。

（2）技能考核50分标准与细则（正向滑跑25分、倒滑及其组合25分）。

•正向滑跑1/2圈25分的标准与细则：

优秀（24～25分）：动作准确规范，直道、弯道，惯性转弯各项技术全面，且滑跑流畅。

良好（20～21分）：动作虽然比较熟练流畅，但重心高，速度较慢。

及格（15～16分）：直道、弯道、惯性转弯有1项技术不熟练，或有明显缺陷环节。

不及格（9～10分）：动作明显不规范、不连贯、不流畅。

•倒滑及其组合动作与标准细则：

正滑变倒滑5分～倒滑直滑5分～倒滑左侧压步10分～倒滑变正滑5分

优秀（24～25分）：四个动作都能熟练自如，且视野大方。

良好（20～21分）：四个动作都能连贯完成，但欠熟练，视野较小。

及格（15～16分）：动作生疏或漏掉动作。

不及格（9～10分）：动作明显有2秒及以上停顿。

第五节　轮滑（旱冰）课程的教学案例

教学案例部分，为教师进行轮滑教学提供思考、借鉴和参考。为从教学安全、建设基础和循序渐进考虑，本节提供三个教学典型案例。

一、教学第一次课案例

（一）教学内容

（1）轮滑运动简介与安全教育。

（2）熟悉轮滑鞋。

（3）三种基本站立方法。

（4）蹲起练习。

（5）原地抬腿踏步练习。

（6）向前行走和走步式转弯。

（二）教学对象

教学对象是青年学生。

（三）教学目标

1.知识方面

使学生了解轮滑运动原理；明确安全教育意义；明确学习轮滑方法或要求。

2.技能方面

使学生了解轮滑鞋和护具穿戴；初步掌握基本站立方法，初步体验正刃支撑；原地踏步；横向重心移动及向前行走。

3.德行方面

引导和培养学生认真听讲，坚定学好的信心和信念，培养勇敢果断和不怕艰苦劳累的精神品质。

（四）教学重点

（1）基本站立和重心移动。

（2）引导、鼓励和赏识学生认真学习态度和勇敢果断等优秀品质的培养。

（五）教学难点

基本站立和行走的正刃支撑或立轮要求。

（六）教学过程

1.准备部分

（1）集合整队，检查人数。

（2）师生问好，并明确学习内容和目标。

（3）热身活动。

A.一般慢跑300～500米；徒手操以活动髋、膝、踝、肩、肘、腕等关节。

B.不穿轮滑鞋的基本姿态、重心移动和徒手踏步行走等专项准备活动。

2.基本部分

（1）轮滑运动简介和安全教育。

采用集体学习方式。

（2）轮滑优质学习方法介绍。

采用集体学习方式。

（3）观察轮滑鞋结构，学习轮滑鞋和护具穿戴方法。

采用集体学习观摩方式。

（4）穿上轮滑鞋实践。

A.蹲起练习：注意蹲起练习时机与方法。

关于时机：特别是在学生穿好轮滑鞋之后，先不要急于行走或移动，就在穿上鞋的原地练习蹲起。

关于方法：一是两脚呈V字站立，两脚跟或后轮靠近，并夹紧固定；二是慢蹲慢起；三是下蹲时，注意屈髋屈膝躯干稍前倾，不能后仰躯干和头部。

待能基本控制脚下稳定性后，原地踏步30次，再小步移动到场地内，进行下一内容的学习。

B.基本滑行姿势：首先注意前后左右保持一人空间距离，然后老师边讲解、边示范，引导学生慢慢认真学习体验。体验8～10次后，进行下一内容体验。

C.三种基本站立姿势：极其重要的是，明确站立时立轮或正刃支撑的要求。

站立练习似乎简单，但初学者，应细心和耐心，培养正确立轮正刃支撑习惯，将三种基本姿势结合变换，以培养学生重心移动或变换能力，为后面学习打下基础。

三种基本站立姿势体验后，再进入下一环节内容。

D.原地抬腿踏步：在基本站立姿势能够互换的前提下，分别以三种基本站立方式为内容，熟悉原地抬腿踏步，培养立轮正刃支撑专项基础能力。

E.向前行走和走步转弯：在能够抬腿原地踏步的前提或基础下，学习和体验向前行走和行走转弯。

本内容练习要求与方法，一是迈步小；二是立轮正刃支撑；三是放脚同时，重心移动到位。

另外，注意强调学生练习方向和前后左右3～4米空间距离要求，以避免拥挤和运动伤害。

3.结束部分

（1）伸展腰部，放松身体。

（2）总结教学过程，表扬鼓励学生进步和良好行为；提醒轮滑学习方法；布置课下作业；师生互相致意！

二、教学第二次课案例

（一）教学内容

（1）安全教育。

（2）复习内容。

①三种基本站立方法；

②蹲起练习；

③原地抬腿踏步练习；

④向前行走和走步式转弯。

（3）新授内容。

①跌倒和站起；

②重心横向移动；
③交替蹬地接双腿滑行。

（二）教学对象

教学对象是青年学生。

（三）教学目标

1.知识方面

使学生了解轮滑运动原理，明确安全教育意义和跌倒方法。

2.技能方面

使学生较熟练掌握轮滑鞋和护具穿戴；进一步掌握基本站立方法、正刃支撑、原地踏步和向前行走基本能力；初步体验重心横向移动和交替蹬地双脚滑行。

3.德行方面

引导和培养学生认真听讲，坚定学好的信心和信念，培养勇敢果断和不怕艰苦劳累的精神品质，引导树立健康积极向上学风。

（四）教学重点

（1）立轮正刃支撑和重心移动。
（2）引导、鼓励和赏识学生认真学习态度和勇敢果断等优秀品质的培养。

（五）教学难点

立轮正刃支撑和横向重心移动。

（六）教学过程

1.准备部分

（1）集合整队，检查人数；
（2）师生问好，并明确学习内容和目标；
（3）热身活动。
A.一般慢跑300～500米；徒手操以活动髋、膝、踝、肩、肘、腕等关节。
B.不穿轮滑鞋的基本姿态、重心移动和徒手踏步行走等专项准备活动。

2.基本部分

（1）复习内容。
A.轮滑安全教育和轮滑优质学习方法。
采用集体学习方式。
B.蹲起练习。

注意蹲起练习时机与方法。

•关于时机：特别是在学生穿好轮滑鞋之后，先不要急于行走或移动，就在穿上鞋的原地练习蹲起。

•关于方法：一是两脚呈V字站立，两脚跟或后轮靠近，并夹紧固定；二是慢蹲慢起；三是下蹲时，注意屈髋屈膝躯干稍前倾，不能后仰躯干和头部。

待能基本控制脚下稳定性后，原地踏步30次，再小步移动到场地内，进行下一内容学习。

C.基本滑行姿势。

首先注意前后左右保持一人空间距离，然后老师边讲解、边示范，引导学生慢慢认真学习体验。体验8～10次后，进行下一内容体验。

D.三种基本站立姿势。

极其重要是，明确站立时立轮或正刃支撑的要求。

站立练习似乎简单，但初学者应细心和耐心，培养正确立轮正刃支撑习惯，将三种基本姿势结合变换，以培养学生重心移动或变换能力，为后面学习打下基础。

三种基本站立姿势体验后，再进入下一环节内容。

E.原地抬腿踏步。

在基本站立姿势能够互换前提下，分别以三种基本站立方式为内容，熟悉原地抬腿踏步，培养立轮正刃支撑专项基础能力。

F.向前行走和走步转弯。

在能够抬腿原地踏步前提或基础下，学习和体验向前行走和行走转弯。

本内容练习要求与方法，一是迈步小；二是立轮正刃支撑；三是放脚同时，重心移动到位。

另外，注意强调学生练习方向和前后左右3～4米空间距离要求，以避免拥挤和运动伤害。

（2）新授内容。

A.跌倒和站起 。

集中讲解、示范，然后分组练习体验。

教师注意纠错。

B.重心横向移动。

集中讲解、示范，然后体操队形散开练习体验。

教师注意纠错。

C.交替蹬地接双腿滑行。

讲解、示范完整动作，然后分解分步骤学习。

【教学步骤与要求】在重心横向移动基础上，首先练习重心横向移动小步走，然后再过渡到交替蹬地双脚滑行。

注意提醒练习方向、空间距离和跌倒方法，以防止运动伤害事故。

3.结束部分

（1）伸展腰部，放松身体；

（2）总结教学过程，表扬鼓励学生进步和良好行为；提醒轮滑学习方法；布置课下作业；师生互相致意！

三、教学第三次课案例

（一）教学内容

（1）安全教育。

（2）复习内容。

A.直道滑行。

B.短步转弯。

（3）新授内容。

弯道交叉步。

（二）教学对象

教学对象是青年学生。

（三）教学目标

1.知识方面

使学生了解轮滑运动直道和弯道原理，掌握安全教育意义和跌倒方法。

2.技能方面

使学生熟练掌握轮滑鞋和护具穿戴；初步体验弯道交叉压步技术，进一步规范直道滑行技术要求。

3.德行方面

引导和培养学生认真听讲，坚定学好的信心和信念，勇敢果断顽强和不怕艰苦劳累的精神品质，引导学生建设健康积极向上好学风。

（四）教学重点

（1）直道滑行和交叉步重心移动；

（2）引导、鼓励和赏识学生认真学习态度和勇敢果断坚定顽强等优秀品质的培养。

（五）教学难点

弯道交叉步重心移动。

（六）教学过程

1.准备部分

（1）集合整队，检查人数。

（2）师生问好，并明确学习内容和目标。

（3）热身活动。

A.一般慢跑300～500米；徒手操以活动髋、膝、踝、肩、肘、腕等关节。

B.不穿轮滑鞋的基本姿态、踏步行走、直道重心移动和交叉步等专项准备活动。

2.基本部分

（1）复习内容。

A.强调轮滑安全教育和轮滑优质学习方法。

采用集体学习方式。

B.蹲起练习。

注意蹲起练习时机与方法。

•关于时机：特别是在学生穿好轮滑鞋之后，先不要急于行走或移动，就在穿上鞋的原地练习蹲起。

•关于方法：一是两脚呈V字站立，两脚跟或后轮靠近，并夹紧固定；二是慢蹲慢起；三是下蹲时，注意屈髋屈膝躯干稍前倾，不能后仰躯干和头部。

待能基本控制脚下稳定性后，原地踏步30次，再小步移动到场地内，进行下一内容学习。

C.基本姿势与原地身体重心横向移动。

强调扎牢基础重要性，引导学生认真、细致、耐心练习。

D.基本滑行姿势、踏步及行走。

首先，集中讲解复习这些动作意义和要求，体操队形散开练习。

【教学步骤与要求】

a.基本滑行姿势控制练习8～10次，每次20秒。

b.较低重心原地踏步100～120次。

c.较低重心行进间移动100～120次。

E.直道滑行。

【教学步骤与要求】

a.强调直道滑行意义和直道技术要求，同时提醒学生在练习过程中，注意人与人距离在4～6米。

b.围绕场地逆时针方向练习500～700米，完成2组。

c.教师以循环指导为主，在完成练习距离之后，集中指导，之后，进一步完成下一组指导复习。

（2）新授内容。

A.弯道交叉步。

【教学步骤与要求】

集中讲解、示范。然后，体操队形集体体验交叉步,每组8～10次，完成5～6组。

教师注意循环指导纠错。

B.之后沿场地分开练习。

【分开练习要求】

a.大圈逆时针方向练习；直道继续规范直道滑行；入弯道后，借助腿部蹬伸，顺势团身重心前移完成交叉步和交叉后双腿滑行。

b.要求3～4圈为1组，共完成3～5组。

c.教师注意巡回指导和集体指导相结合。

3.结束部分

（1）伸展腰部，放松身体。

（2）总结教学过程，表扬鼓励学生进步和良好行为；提醒轮滑学习方法；布置课下作业；师生互相致意！

高校轮滑课程教案 二维码

第1次课　第2次课　第3次课　第4次课

第5次课　第6次课　第7次课　第8次课　第9次课　第10次课

第11次课　第12次课　第13次课　第14次课　第15次课　第16次课

教案

第二学期

第1次课　第2次课　第3次课　第4次课

第5次课　第6次课　第7次课　第8次课　第9次课　第10次课

第11次课　第12次课　第13次课　第14次课　第15次课　第16次课

第三章 滑冰课程及其教学

滑冰课程及其教学部分，共包括四节内容。它主要涉及滑冰运动概述、冰鞋的选择和穿戴护具的方法、滑冰课程教学内容、滑冰课程教学设计。

第一节 滑冰运动概述

一、滑冰运动的起源与发展

滑冰是人们利用冰刀在冰上滑行的冬季运动项目，起源于10世纪的荷兰。

在上古时代的人类，北欧的游牧民族就已经利用动物骨骼从事滑冰活动；后来经芬兰传入瑞典、丹麦、荷兰等地，滑冰运动才与人类发生关系，大约在13世纪的英国滑冰运动就已经非常盛行。在19世纪末滑冰运动传入中国。滑冰运动分为速度滑冰、短道速滑、花样滑冰。北京一向是冬季运动开展较好的地区，从旧时“三海”流传下来的民间冰面休闲就已经融入北京人的生活，被赋予了一定意义上的人文内涵。

速度滑冰（speed skating）简称速滑，是滑冰运动中历史最为悠久、开展最为广泛的项目。

1763年2月4日，在英国首次举行了15公里速度滑冰赛。1889年，在荷兰阿姆斯特丹首次举办了世界冠军赛。男、女速滑分别于1924年、1960年被列为冬奥会比赛项目。

比赛项目有：男子500米（1924年列入）、1000米（1976年列入），1500米、5000米、10000米均为1924年列入，女子500米、1000米、1500米、3000米均为1960年列入，5000米（1988年列入）。

中华人民共和国成立后，广大青少年参加速滑运动的人逐年增多，特别是哈尔滨、长春、齐齐哈尔、吉林等城市的群众性冰上运动开展得很活跃。1953年2月，在哈尔滨市举行了第1届全国冰上运动会，有6个单位参加了速滑比赛，创造了中国第一批速滑纪录。

1961年，在世界女子速滑锦标赛上，刘凤荣获得全能第4名；男子锦标赛中，王金玉获得全能第8名，并在同年9国国际邀请赛中获得全能冠军。

1963年，在世界男女锦标赛中，王金玉和罗致焕均打破世界男子全能纪录，罗致焕在1500米比赛中获得金牌，并创造该项锦标赛纪录；女运动员王淑媛获得1000米的第2名和全能第6名。

中国从1980年开始参加冬奥会（美国普莱西德湖），稳步成长，屡创佳绩。

1992年阿尔贝维尔冬奥会上，中国共获得3枚银牌，其中两枚均由前中国女子速滑运动员叶乔波夺得，她以40秒51的成绩获得女子速度滑冰500米项目第2名，以及1000

米第2名，为中国冬季项目实现冬奥会上奖牌“零”的突破。

女子500米短道速滑比赛李琰夺取1枚银牌，是中国短道速滑队第一枚冬奥会奖牌。

1994年利勒哈默冬奥会，张艳梅夺得1枚女子500米短道速滑的银牌，叶乔波夺得女子1000米铜牌，陈露夺得花样滑冰女子单人滑铜牌。

1998年长野冬奥会，安玉龙、李佳军分别在男子短道速滑500米、1000米比赛夺冠，杨杨夺得女子500米、1000米短道速滑的银牌，花样滑冰女子单人滑陈露夺得铜牌。

2002年盐城冬奥会，杨杨夺得短道速滑女子500米、1000米金牌。

2006年都灵冬奥会，王濛夺得短道速滑女子500米金牌，花样滑冰双人张丹、张昊夺得银牌。

2010年温哥华冬奥会，短道速滑王濛夺得女子500米、1000米两块金牌、周洋夺得女子1500米金牌。女子3000米接力赛中国女子短道速滑队夺冠。花样滑冰双人滑申雪、赵宏博获金，庞清、佟健夺银。

2014年索契冬奥会，中国队的三枚金牌分别由李坚柔（短道速滑女子500米）、张虹（速度滑冰女子1000米）、周洋（短道速滑女子1500米）夺得。

2018年平昌冬奥会，短道速滑男子500米决赛，武大靖以39秒584的成绩强势夺冠，为中国赢得平昌冬奥会首枚金牌。

二、滑冰比赛项目简介

（一）速度滑冰

速度滑冰是冬季运动项目。运动员足蹬冰鞋，在冰面跑道上滑行竞速。

速度滑冰是滑冰运动中历史最为悠久，开展最为广泛的项目。1763年2月4日在英国首次举行15公里速度滑冰赛，1889年在荷兰的阿姆斯特丹首次举办世界冠军赛。

男、女速滑分别于1924年、1960年被列为冬奥会比赛项目。现比赛项目有男子500米（1924年列入）、1000米（1976年列入）、1500米、5000米、10000米（均为1924年列入），女子500米、1000米、1500米、3000米（均为1960年列入）、5000米（1988年列入）。

1924年第1届冬季奥运会即列为正式比赛项目。

1.速滑比赛

速度滑冰又分为大跑道速滑和室内短跑道速滑。速滑通常指的是大跑道速滑。大跑道速滑比赛在周长400米的跑道上进行。跑道分内、外两条，每组2人同时滑跑。每滑1圈交换1次内、外道。运动员滑跑时呈蹲屈姿势，借助窄而长的冰刀，通过两腿轮流蹬冰、收腿、下刀、滑进及与全身协调配合而形成的周期性动作来获得滑行的最快速度。速滑比赛分为全能比赛和短距离全能比赛，通常是分开进行或分为两个赛会。

2.比赛项目

冬季奥运会的速滑比赛男子项目有500米、1000米、1500米、5000米、10000米和集体出发；女子项目有500米、1000米、1500米、3000米、5000米和集体出发，以及男子团体追逐和女子团体追逐。

3.速滑跑道

标准速滑跑道是由两条直线跑道连接两条弧度为180°的半圆式曲线组成的两条封闭跑道。最大周长为400米，最小周长为333.13米。国际比赛应在400米周长的跑道上进行，其直线跑道长为111.98米，跑道宽为5米，内跑道的内圈半径为25米，外跑道的内圈半径为30米。假定跑道为南北方向，终点应设在西南角，东边直线跑道为“换道区”。跑道分界线用宽10厘米、高5厘米严密整齐的雪砌成（冰刀稍触及即能清楚地看出痕迹）。除换道区无雪线外，其余均应堆砌雪线，但不使雪线冻结在冰面上。如无雪，可将宽5厘米、长10厘米、高不超过5厘米的橡皮、木块或其他合适的物质涂上协调颜色代替雪线。起点线、边线、起跑预备线、终点线前5米每隔1米的标线均为蓝色，终点线为红色，线宽均为5厘米。

4.速滑装备

速滑装备包括冰刀、冰鞋和滑冰服装。速滑冰刀是由刀刃、刀身管、前小刀托、前大刀托、前托盘、后刀托和后托盘等部分组成。现代高级速滑刀刀刃多由优质高碳钢制成，其他部分由轻合金制作。速滑刀的特点是：刀身比花样刀高、比冰球刀低，刀身比这两种刀长，刀刃比这两种刀薄（厚度为1～1.3毫米）而轻，刀刃平，与冰面接触距离长，可保持滑行的良好直线性。速滑冰鞋选用优质厚牛皮缝制，为半高腰瘦长形，鞋跟部为坚硬式，以包围和固定脚跟。鞋底为硬皮，冰刀用螺钉或铆钉固定在鞋底上。一般运动员冰刀与冰鞋的匹配长度是：从鞋尖到刀尖为8～9厘米，从鞋跟到刀跟为5～6厘米。由于两只刀的刀刃在滑跑中使用的程度不同，加之弯道滑跑时身体向左倾倒，所以两脚冰刀与鞋固定的位置也不同。一般右脚冰刀将冰刀尖装于右脚大脚趾正下面，冰刀后跟位于鞋跟的正中间；左脚冰刀将冰刀尖装于左脚大脚趾与二脚趾中间，冰刀跟位于鞋跟中间。速滑运动员的服装应具备保暖、轻便等特点。速滑运动员的比赛服均为尼龙紧身运动服和连衣服。连衣服是帽子、上衣、裤子、袜子连成一体的，具有轻便、紧身、阻力小、动作灵活等特点。

（二）短道速滑

1.场地设施

短跑道速度滑冰比赛一般均在室内冰球场上进行，使用椭圆形、周长为111.12米的跑道，直道长28.855米，直道宽不少于5.71米，弯道半径为8米，弯道弧顶标志物到界墙的距离不少于4米。

2.冰鞋冰刀

短跑道速滑冰刀的特点是刀身短、刀刃底部有弧度，与冰面接触面积很小，便于在弯道时滑弧线前进。冰刀的刀身较高，在冰刀倾斜度很大时冰鞋也不会接触冰面。现代高级专用短跑道速滑刀的刀托不是圆桶式，而是可移动的板式，运动员可随时根据比赛项目或个人习惯，将刀管刀刃向左或向右调整到适合自己需要的位置。

3.短道运动员的装备及服装

短道速滑安全头盔应符合现行的ASTM标准。头盔必须有一个规则的形状不能有突起。耐切割手套或皮革制成的连指手套，或不含羊毛的合成材料手套。防扎耐用材料的护腿。符合97.1402号MU型安全比赛服。长袖长裤连身服。软垫或软垫的硬壳护膝。冰刀管必须是封闭的，刀根必须是圆弧形。最小半径为10毫米。刀管最少有两点固定在鞋上，没有可动的部分。所有运动员必须佩戴护颈。比赛时运动员必须头戴护盔，手戴防护手套，身穿长袖连身服，冰刀后跟必须呈圆弧形。

4.比赛项目

国际滑冰联盟于1978—1980年试举办了3次国际锦标赛，于1981年在法国的麦顿举办了第1届世界短跑道速滑锦标赛，以后每年举办一届。短跑道速滑比赛的项目通常是：男、女的单项均为500米、1000米、1500米、3000米，另有男子5000米接力和女子3000米接力比赛。1992年第16届冬季奥运会列为正式比赛的项目，男子为1000米和5000米接力，女子是500米和3000米接力。

（三）花样滑冰

花样滑冰是冬季冰上运动项目。运动员足蹬冰鞋在冰面滑行中配合音乐滑出各种图案，做出各种跳跃、旋转和造型动作。1924年第1届冬季奥运会开始列为正式比赛项目。现有项目包括男、女单人滑，双人滑，冰上舞蹈。

1.一般规则

花样滑冰是技巧性与艺术性高度结合的冰上运动项目。裁判员根据动作质量和艺术表现分别给予评分，满分为6分。在比赛中除完成规定图形和创编的节目外，还可由运动员自选音乐，在规定时间内完成一套自由滑动作。花样滑冰的技术要求运动员具备三方面的基本功。一是滑行基本功，包括用刃技术，各种跳跃、旋转和步法等。二是舞蹈基本功，包括滑行中的基本姿态、动作姿态、各种舞步、双人舞步配合、双人滑中的托举等。三是音乐艺术鉴赏表达能力的基本功，包括对音乐节奏感、音乐内容和理解能力，以及通过技术与音乐配合的艺术表现和抒发能力等。

2.单人滑

分为男子单人滑和女子单人滑两项。比赛内容原来包括规定图形、创编节目、自由滑三项。国际滑联1988年代表大会决定，从1990年7月1日起取消规定图形的比赛，只比其余两项。规定图形的比赛已有近百年的历史，作为比赛内容虽已取消，但它仍是单人滑的技术基础。

3.双人滑

由男女共同表演。双人滑强调相互间动作配合协调。表演时除具备所有的单人滑动作，还包括一些典型的双人动作，如托举、捻转托举、双人旋转、螺旋线、抛跳等。双人滑的比赛分两项：①创编节目。原称双人规定自由滑或短节目。国际滑联公布了双人创编节目的规定动作，每组包括8个动作，全套动作不得超过2分40秒，音乐自选，每个动作只允许做一次，附加动作要扣分。②双人自由滑。运动员自选音乐，自编套路，在4分30秒内滑完，包括单人动作和双人动作（典型的双人动作）。双人滑与单人滑的评分方法相同，但要顾及两人动作的一致性。

4.冰上舞蹈

冰上舞蹈起源于20世纪30年代；花样滑冰起源于12世纪。

冰舞运动员由一名男选手和一名女选手组成，基本的技术动作有：舞蹈旋转、托举（直线托举、曲线托举）舞步（接续步等）、捻转等。

冰舞比赛共分三场：规定舞、创编舞、自由舞。

①规定舞：国际滑冰联盟公布了18套规定舞蹈（如华尔兹、探戈、狐步、基里安等），选取其中12套，分为4组，每年比赛其中一组。规定舞蹈的动作得分占最后总得分的30%。国际滑联技术委员会每年会公布包括一个华尔兹舞在内的四个规定舞蹈。规定时间为2分钟。按规定线路，配合规定的音乐，每套滑3次，根据表现、风格、准确性、握法等给以评分。②创编舞：评分包括编排分和表演分两项。创编舞蹈得分占总分的30%。运动员自选音乐，滑行一套自编的舞蹈，滑行3次或6次，既有规定舞的特点又有自由舞的特点。评两个分——技术分和节目内容分。③自由舞：自由舞是指自选的舞蹈步法和动作创新编排而成的整套舞蹈。须体现自选音乐的特点，思想和编排方面的构思，技术难度和滑行技术。比赛时间为4分钟。评分包括技术水平分和艺术印象分，得分占总分的50%。由运动员自选音乐滑自选动作。一套自由舞包括各种步法，如蔓状步、交叉步莫霍克步等，还可做一些姿态表演；评两个分——技术分和节目内容分。成绩计算方法是根据运动员每项的得分计算出总成绩。

5.冰鞋冰刀

花样滑冰的冰鞋用优质牛皮制成，高腰高跟硬底，男子鞋为黑色，女子鞋为白色。冰刀固定在鞋底上，冰刀较矮，刀刃刀托为一体。刀身有一定弧度，刃较厚，呈浅“凹”沟形，沟两边刃锋利，既便于滑行又能使冰刀在冰面上留下清晰的图案。刀刃前端有5～6个锯齿，根据锯齿的大小分为图形刀和自由滑刀两种。图形刀的锯齿较小，以免滑图形时刮冰。自由滑刀锯齿较大，便于急停、跳跃或迅速改变动作。冰刀应与鞋的大小相适应，一般刀身前端的刀齿应在鞋底前端的边缘处，刀身前端安装在脚的大脚趾与二脚趾之间的正下方，刀跟装在脚跟正中间的下方，刀尾应超出鞋后跟1～2厘米。

三、滑冰运动的特点与锻炼价值

（一）滑冰运动的特点

1.滑冰是一项在运动中灵活变换重心、维持动态平衡的运动

滑冰者在滑行或滑动中，不断创建平衡、维持平衡、打破平衡，再创建或创造新的平衡，这是滑冰运动最显著特点。无论是速度滑冰、短道滑冰还是花样滑冰，都是在运动中灵活变换重心，维持动态的平衡，以适应运动的需要。

2.侧蹬用力

滑冰运动者脚穿滑冰鞋，并以脚下支点移动重心。由于鞋子上装有冰刀，前后移动重心时，脚下容易前后打滑不能很好运动，必须通过腿脚向侧蹬地，才能获得动力以更好滑行或满足运动需要，所以滑冰运动的重心横向移动和侧向蹬地是滑冰运动技术突出的特征表现。

3.具有一定危险性

滑冰已经成为一种时尚的运动项目，很多朋友在冬季的时候都会进行户外及室内的滑冰来锻炼体质，同时又是一个很好的娱乐活动。滑冰需要掌握一定的技巧，还要注意安全,否则很容易出现一些意外情况导致身体出现伤害。要到特定的场所进行运动。

4.融知识性、健身性、娱乐性、竞技性、艺术性于一体，具有较高锻炼价值

滑冰运动不仅内容丰富，而且其运动危险性较一般项目高，所以，对身体机能和身体素质影响较大。经常参加滑冰这项运动对培养人的勇敢、认真、细致、果断、理性等精神品质，对热爱生活、不畏风雨艰难、不怕吃苦、不怕受累的学风民风作风培养，对提高下肢力量、身体协调和平衡能力，以及提高人的速度、灵敏、协调和力量等身体素质具有良好影响。

（二）滑冰运动锻炼价值

滑冰运动不仅能够锻强人体的平衡能力、协调能力，以及身体的柔韧性，同时还可增强人的心肺功能，提高有氧运动能力。它能够有效地锻炼下肢力量，十分适合开车族。还有很好的减肥效果。对于青少年来说，滑冰有助于孩子的小脑发育。穿上冰刀在冰面上尽情奔驰，豪情一番，不仅放松心情，更获得融入自然的乐趣。

1.锻炼平衡能力

经常滑冰能提高平衡能力。因为滑冰要把整个身体的重量放在1～1.3毫米的刀刃

上，并且还要保持特殊的身体姿势滑行，这就对神经系统调节肌肉工作的能力提出了很高的要求。经常这样反复锻炼，可以促进肌肉的协调性，大大提高人的平衡能力。

2.增强体质，增强力量

滑冰是一项全身性的运动，需要身体各个部位的配合，可以起到很好的锻炼身体的效果，从而提高身体素质，增强体质。滑行中的蹬冰、燕式平衡对经常开车的人来说，是锻炼下肢力量的极好方式，跳跃和旋转是对全身控制能力的考验和提高。

3.促进身体灵活性

经常参加滑冰运动，能够提高身体的肌肉、骨和关节的工作能力。初次参加滑冰的人都会有这样的体会：在刚刚上冰时，没有滑多久，就感到腰酸腿疼，特别是小腿和脚踝酸痛尤甚，几天也恢复不过来。但是随着锻炼时间的增长，滑跑技术的提高，这种酸疼的情况就没有了。这除了由于掌握了滑跑技术之外，主要是由于腰腿部的肌肉力量、骨骼支持力和关节灵活性提高了。

4.增强心血管功能

经常参加滑冰运动，还能增强心脏血管和呼吸系统的工作能力。因为滑冰运动的强度比较大，消耗的体力也就相当大，所以身体需要大量的营养物质和氧气。这时，血液循环加快，尽快地把身体急需的营养送去，并把大量的废物迅速排出体外。这样，就提高了体内的新陈代谢过程。日久天长，心血管和呼吸系统的工作能力就得到了增强。体育科学研究也证明了这一点，一般人在安静时每分钟心脏跳动次数是72次左右，而有些著名滑冰运动员在同样条件下，心脏跳动次数却减少到40多次。这说明滑冰运动员的心脏血管系统工作能力是相当高的。

5.增强自信心，培养良好品质与精神

经常坚持滑冰锻炼，不仅能增强抗寒能力，预防伤风感冒及其他疾病，而且那种驰骋似飞的动作，还有助于练就健康的体魄，养成勇敢顽强的意志和坚韧不拔、克服困难的精神。

第二节 冰鞋的选择和穿戴护具的方法

一、冰鞋的选择

进行速滑运动学习，最基本的装备就是有一双合适的速滑鞋了。

现在市场冰鞋种类繁多，冰鞋可以分为速度滑冰鞋和花样滑冰鞋，怎样选择适合自己的冰鞋呢？应该根据个人基础、兴趣、目的和脚的大小来选择。

（一）材质

冰鞋材质主要有皮制、玻璃纤维和碳纤维等几种，随着科技的发展皮制的冰鞋逐渐退出历史舞台，只是用作其他材质的辅料，现在市面上都是以玻璃纤维和碳纤维材质为主的冰鞋。这两种材质性能和价格都有着很大的差别。玻璃纤维的冰鞋相对较软、硬度较差，对踝关节的支撑和保护不够，而且长时间使用后，形态容易改变且不能恢复，但是这种材质的最大优势是价格便宜，适合想尝试滑冰这项运动又不想有过大的经济投入的爱好者，或是偶尔锻炼的爱好者。碳纤维材质的冰鞋硬度较大，形态可以维持较长的时间，而且通过加热等手段可以适度地改变其形态，冷却后形态即固定常温状态或冷环境下不易改变。

（二）鞋帮高度

冰鞋鞋帮较低，更好地保证了踝关节的灵活性。可根据自身基础、踝关节专项力量及场地条件选择冰鞋。

（三）制作工艺

绝大多数冰鞋分为工模普及脚型冰鞋、工模普及型冰鞋和普通的运动鞋，主要是按照鞋码区分的批量生产的冰鞋，这样的冰鞋对制作工艺要求并不高。而脚型鞋则不同，正如每个人的指纹都各不相同，每个人脚型也是千差万别。制作优良的脚型鞋几乎都是手工定制，采型、倒模、制作每一个环节都是精细的手工操作，这样的冰鞋可以为足部提供良好的包裹性和舒适性，同时也提高了运动效果。

二、滑冰装备与护具的穿戴方法

（一）滑冰装备与护具

作为一名滑冰的初学者，最基本、最必需、最重要装备就是冰鞋。但是，为了更安全、更效率学习滑冰运动，仅有冰鞋还不够，还必须配备头盔（护头）、护肘、护膝与护掌等护具。优质的护具强调包覆性、透气性、吸震效果及坚固等要求。

滑冰服装应具有紧身、轻便、保暖等特点。初学者在冰上练习时穿的服装仍以保暖、轻便、便于冰上活动为主；袜子最好穿普通绒袜子或者尼龙袜子，这样不但不会冻脚而且会增强两脚的冰感，有利于驾驭冰刀；手套最好用两指或三个指头的棉手套或五指式的绒毛手套。另外，滑冰时最好戴上滑冰帽或耳包防止把耳朵冻伤。如果天气寒冷,练习者应穿着绒衣或者毛裤。练习滑冰之前，要用护膝，防止膝关节受凉而引起关节炎等病症的发生。

目前，运动员上冰训练或比赛时，多数穿尼龙丝材质的五连服（衣、裤、帽、袜和手套连在一起）。穿这种服装有利于减小空气阻力，提高成绩。做准备活动和练习时要穿保暖服，裤子两侧带拉链，以便于穿或脱，冰鞋要套上保暖鞋套，以防冻伤脚趾。

（二）滑冰装备与护具的穿戴方法

穿戴护具与装备前，首先，应熟悉了解速滑鞋结构与各部分性能、检查冰刀是否松动，然后，熟悉冰鞋穿、脱方法，以及头盔、护膝、护肘、护掌的穿戴方法。

熟悉装备后，才开始穿戴。穿戴装备时，应有一个正确合理顺序，即依次穿戴头盔，护肘、护膝、冰鞋、护掌。脱掉时次序相反。

初学滑冰的人穿冰鞋时，前两三个扣眼的鞋带可系得稍微松一点儿，后面的鞋带要系紧，使冰鞋紧密包裹脚踝。

第三节 滑冰课程教学内容

一、第一学期教学内容

（一）直道滑

1.安全教育和基本站立方法

（1）安全教育的意义。

安全教育实在重要，没有安全的教育，就不是科学的教育和效率的教育。既然强调科学教育，那就必须把安全教育放在极其重要位置。因此，每次课都要有安全措施和安全教育的方法与要求。

（2）基本站立方法。

初学者初次穿上滑冰鞋站起来，会因为刀刃滑动而站立不稳，存在安全隐患，因此初学者应首先练习站立。不会站立或站立不好，都不利于行走和移动重心。不能很好行走和移动身体重心，当然无法学好滑冰。毫无疑问，对初学滑冰而言，站立是移动重心和学好滑冰的重要基础。学习基本站立方法与要求，不要急于求成，往往欲速则不达。

A.丁字站立法（图3–1）。

【动作要领】两脚呈丁字步站立，前脚跟顶住后脚的脚弓，两膝微屈，重心稍偏于后脚，上体稍微前倾。

B.“V”字站立法（图3–2）。

【动作要领】“V”字形站立，也有人称反“八”字站立。两脚脚尖自然分开，形成自然开角，两脚跟靠近。

C.平行站立法（图3–3）。

【动作要领】两脚自然分开并接近肩宽，脚尖向前，微微屈膝，两脚立刀正刃支撑压住冰面，

图3–1

图3–2

图3–3

身体重量平均压在两脚上。

2.原地移动重心练习

（1）原地微微左右移动身体（视频3–1）。

视频3–1

【动作要领】在两脚平行站立的基础上，身体重心均匀压在两脚上，注意两脚立刃或平刃支撑冰面，此时就是稳定双脚支撑状态，然后不用抬脚，身体向侧微微平移，再向另一侧慢慢平移，感受身体和身体重心有平移的感觉。

（2）原地不抬腿的左右移动重心（图3–4，视频3–2）。

图3–4–a

图3–4–b

视频3–2

【动作要领】在两脚平行站立的基础上，上体向一侧移动，并顺势将身体重心完全平移至这一支撑腿上，待稳定后，上体再向另一侧移动，并将身体重心完全平移至该支撑腿上。要反复练习，这是滑行中横向移动重心的重要基础。

（3）原地微微抬腿的左右移动重心（图3–5，视频3–3）。

图3–5–a

图3–5–b

图3–5–c

图3–5–d

视频3–3

【动作要领】在两脚保持10～15厘米平行站立位置的基础上，屈髋屈膝，双脚支撑，然后上体向一侧移动，当身体重心完全平移到这一支撑腿上时，顺势将移动方向的对侧脚沿冰面平移脚靠拢支撑腿，创造或保持单脚支撑，待稳定后再将重心向另一侧移动，反复平移进行。

（4）原地左右移动重心结合抬腿并拢的单腿支撑练习。

【动作要领】在双脚平行站立，相距一脚距离，保持身体屈髋屈膝的基本姿势，同时满足两脚立刀正刃支撑基础上，将身体重心完全移到一条腿上，然后慢慢将一条腿抬起，离地5～10厘米，并靠近或并拢支撑腿，同时保持支撑腿屈髋屈膝状态，停留1～3秒。交替反复练习原地单腿支撑，是向前滑进中单腿支撑平衡的基础。

视频3-4

（5）原地站立式高抬腿踏步移动重心（视频3-4）。

【动作要领】在八字脚站立基础上，重心移到左脚上，右腿微屈上抬，使脚离冰8～12厘米，再落下。重心移到右脚上，左腿微屈上抬，使脚离冰8～12厘米，再落下。交替连续做，这是向前迈步的基础。

视频3-5

（6）原地蹲起练习（视频3-5）。

【动作要领】两脚平行站立或八字站立，做向下下蹲再起来的动作。注意开始做时，慢蹲，慢起，上体保持稍微前倾，避免上体后倾和过分前倾。注意保持重心垂直升降起落，待熟练适应后，蹲起速度稍微加快，这是提高平衡和适应能力及预防重重跌倒的重要基础。

（7）原地跌倒和站起。

【动作要领】无论向什么方向跌倒，注意，降低重心，身体顺势由下向上依次着冰，避免头部先着冰面，双手协助屈肘倒冰面支撑。

A. 后跌倒（图3-6，视频3-6）。

图3-6-a　图3-6-b　图3-6-c　图3-6-d　视频3-6

B. 前跌倒（图3-7）。

（8）原地低姿高抬腿单支撑练习（视频3-7）。

图3-7-a　图3-7-b　图3-7-c　图3-7-d　视频3-7

【动作要领】在原地踏步和原地抬腿基础上，逐渐提高要求，最后将大腿抬至腹前，特别注意，保持支撑腿屈髋屈膝、躯干前倾和重心稳定，防止重心、上体后仰。

（9）原地高抬腿横向移动重心的单支撑（图3-8，视频3-8）。

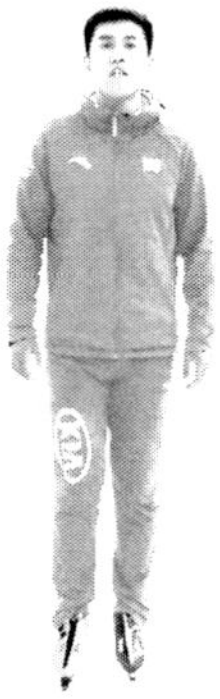
图3-8-a

图3-8-b

图3-8-c

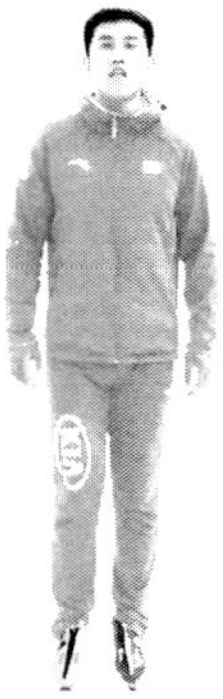
图3-8-d

视频3-8

【动作要领】在双脚平行站立，相距一脚距离，保持身体屈髋屈膝的基本姿势，同时满足两脚立刀正刃支撑基础上，将身体重心完全移到一条腿上，然后辅腿大腿高抬于腹前，并迅速并拢支撑腿，同时保持支撑腿屈髋屈膝状态，停留1～3秒。交替反复练习原地单腿支撑，这是向前滑进中单腿支撑平衡的基础。

（10）两脚前后滑动（视频3-9）。

【动作要领】在双脚平行站立，相距一脚距离，保持身体屈髋屈膝的基本姿势，同时满足两脚立刀正刃支撑基础上，做一只脚向前、另一只脚向后来回滑动。特别注意，两脚前后滑动始终保持平行，重心始终在两脚中间，两膝微屈，两臂自然下垂，像走路一样与两腿配合。

视频3-9　视频3-10

3.迈步移动重心（视频3-10）

（1）向前“V”字形走。

【动作要领】在“V”字脚站立的基础上，重心移到一只脚，另一只脚抬起向前迈出一小步，脚尖稍偏外落地。交替迈步移动前行，正确地移动身体重心和迈步，是掌握正确滑行的基础。

（2）走步转弯。

【动作要领】在“V”字脚站立的基础上，重心移到一只脚，另一只脚抬起向前迈出一小步，脚尖稍偏外落冰。交替迈步移动前行，迈步前行过程中，注意走曲线时，外侧脚加强内扣，缩小两脚之间夹角，同时身体向转弯方向稍微倾斜即可。

（3）横向和侧前向迈步走。

【动作要领】在两脚平行站立的基础上，两脚相距约10厘米，两脚立刀正刃支撑，微抬起一条腿，身体带动腿向一侧移动一小步，然后另一腿跟过来，横向移动放脚刹那，身体重心同步到位，再继续连贯进行。

4.直道滑行练习

（1）速度滑冰滑行基本姿势（图3-9，视频3-11）。

【动作要领】上体前倾，肩略高于臀部，上体与冰面成15°～20°，肩背部放松，头微抬起，两眼平视前方10～20米处，腿部弯曲，膝盖前弓较大，背手或摆臂滑跑。

图3-9-a

图3-9-b

视频3-11

（2）配合摆臂的低姿双脚滑行。

【动作要领】身体随重心移动，到达适宜角度放脚冰刀着冰，蹬冰腿加快展膝向侧面推蹬；重心置于冰刀中部，大部分体重在蹬冰腿加速侧蹬；蹬冰过程中，上体前倾，保持肩部稳定放松，肩臀与冰面平行。

视频3-12

（3）高姿势行走结合蹬冰滑动练习（视频3-12）。

此动作在刚开始学习体会单脚滑行时和低姿势滑行较累进行调整时使用。

（4）配合摆臂的低姿单脚滑行（图3-10，视频3-13）。

图3-10-a

图3-10-b

图3-10-c

视频3-13

此动作在巩固滑行基本姿态和增强上下肢协调运动时采用。

【动作要领】蹬冰与摆臂相结合，回收腿脚与回收臂部相结合。

（5）高姿左右交叉步交替练习。

【动作要领】此动作主要用于学习弯道练习前的专项热身和诱导性学习的准备或适应性基础练习，通过该动作培养重心移动协调性和灵活性。采用该动作练习时，注意做到髋部带动大腿、大腿带动小腿与脚向侧前方交叉，当放脚着地时，确保重心同时到位和正刃支撑，并稍屈髋屈膝。当重心到位后，可直接连续做交叉压步移动变换重心腿。

（二）弯道滑

1.迈步行走的重心移动

视频3-14

（1）走步式转弯（视频3-14）。

【动作要领】在“V”字脚行走的基础上，逐渐两脚稍内收，落地夹角变小，接近两角平行或两脚之间夹角10度～12度，两脚交替迈步移动前行，特别注意脚落地时立轮、立脚踝。走曲线时，注意身体向转弯方向稍微倾斜即可。

（2）弯道高姿交叉步练习（图3-11，视频3-15）。

图3-11-a　图3-11-b　图3-11-c　图3-11-d　视频3-15

【动作要领】在两脚平行站立的基础上，两脚相距约10厘米，两脚立刀正刃支撑，微抬起一条腿，身体带动腿向支撑腿方向腿横向交叉移动一小步，当落地脚着冰刹那，身体重心同步到位落地脚，然后另一条腿跟过来，保持两脚平行站立位置，反复进行。

（3）弯道低姿交叉步练习（图3-12，视频3-16）。

图3-12-a　图3-12-b　图3-12-c　图3-12-d　视频3-16

【动作要领】在两脚平行站立的基础上，两脚相距约10厘米，两脚立刀正刃支撑，微抬起一条腿，身体带动腿向支撑腿侧前方向交叉移动一小步，当落地脚着地刹那，身体重心同步到位落地脚，然后另一条腿跟过来，保持两脚平行站立位置，继续反复进行。

（4）走步式转弯结合交叉步行走。

【动作要领】在“V”字站立的基础上，沿着曲线移动重心向前走步，随着惯性结合前侧交叉步移动。

2.弯道滑行

（1）逆时针、顺时针短步转弯（视频3-17-a，视频3-17-b）。

本动作用于弯道或曲线学习和体验。

视频3-17-a　视频3-17-b

【动作要领】在向左前方行走转弯的基础上，重心完全在左脚时（保持左脚尖、左膝和鼻尖在同一平面时），稳定身体左侧该平面，而右脚连续侧蹬及时收拢右腿脚，并靠近左脚内侧下放，（此时和整个过程中，重心总是在左脚上），之后右腿右脚继续连贯重复侧蹬和侧蹬后及时收拢放脚动作。

（2）整个弯道交叉步滑行（视频3–18）。

【动作要领】在熟练短步转弯和能连续完成左侧交叉压步动作后，进一步学习弯道技术，强调速滑基本姿态和蹬冰具体动作要求与质量。

（3）直道结合弯道交叉步低姿滑行练习（视频3–19）。

【动作要领】在基本掌握了直道滑行和弯道交叉压步滑行基础上，进一步系统学习，将直道滑行与弯道滑行结合起来，并强调速度滑冰滑行姿势和直道弯道结合技术细节。

（4）低姿的弯道顺势惯性转弯减速、高姿的惯性转弯（视频3–20–a，视频3–20–b）。

惯性转弯主要用于学习弯道、弯道双支撑滑行、弯道压步重心调整，或顺势减速或准备转弯急停或正滑转倒滑等，是其他动作变化的基础与枢纽。

【动作要领】以向左惯性转弯为例。当右髋带动右腿向左侧交叉压步落地，保持右脚落地刹那，重心压在右脚时，左腿左脚向右侧蹬冰伸展，并及时连贯收左腿左脚，收回左脚靠近右脚内侧下放刹那时，身体重心稳稳在两脚之间，并略偏前面左脚，保持双支撑惯性曲线滑行。

（5）结合起跑的完整技术滑行（视频3–21）。

基本掌握了起跑和直道滑行和弯道滑行之后，进一步系统综合练习时学习与欣赏。

视频3–18　视频3–19　视频3–20–a　视频3–20–b　视频3–21

（三）减速与制动

1.单脚内扣式减速法（图3-13，视频3-22）

这种方法，也适用于滑冰初、中级阶段。

【动作要领】在滑行较慢想减速时，重心后留，两脚依次连贯脚尖内扣抬起放脚，以正刃支撑交替减速。

2.双脚内扣式减速法（图3-14，视频3-23）

这种方法，也叫内八字减速停止法，适用于滑冰慢速和中速。

【动作要领】在获得一定向前滑行速度后，双脚平行分开站立，随后两脚尖内扣，形成内八字，并以内侧刀刃柔和压紧冰面，两腿弯曲，上体稍前倾，臀部下蹲，两臂前伸维持平衡，逐渐减速至停止。

3. 双脚转弯减速法（图3-15，视频3-24）

图3-13

图3-14

图3-15

视频3-22　视频3-23　视频3-24

这是一种稳定的减速制动法。常常在中速和高速滑行时应用。

本动作方法，就是利用惯性转弯的动作来消耗掉滑行的速度惯性，逐渐减速直至停止。另外，利用惯性转弯减速基础上，还可衍生出双脚平行减速制动法，也称侧向停止法。该减速停止法适用于技术较高的人，技术不高的人慎用。

【动作要领】在双脚惯性转弯滑行基础上，身体迅速向一侧转体90°。与此同时，两脚也随之转动90°左右，并前后平行分开，同时身体重心要急速降低并后留，两脚的前脚外刃和后脚内刃充分切压地面加强摩擦，能较迅速减速制动。

4. “T”字减速法（图3-16）

图3-16-a
（正面）

图3-16-b
（侧面）

图3-16-c
（背面）

【动作要领】当左脚支撑滑行时，上体抬起直立，右脚脚尖外转，右脚横放在左脚后面，两脚呈“T”形，使右脚的刀刃横向与冰面摩擦。两腿弯曲，重心下降并逐渐移向右脚加大摩擦，使之减速直至停止。

“T”字减速法，常适用于初学者和滑速较慢时，如果想加快减速急停，重量应更多地压在后脚上。

二、第二学期教学内容

（一）正滑——结合起跑的完整技术滑行

1. 复习并规范直道弯道滑行和惯性转弯减速与制动（视频3-25）

【动作要领】重心移动到位，确保三点一线一面；蹬地有弹性并伸展大方；收腿连贯；单腿充分滑行；惯性转弯确保重心在两腿之间，略偏前腿，同时身体适当向转弯圆心倾斜。

2.起跑技术（视频3-26）

【动作要领】以半侧向起跑为例。各就位时，身体积极站在预跑线后，两脚与肩同宽，以前脚冰刀尖点冰和后脚冰刀内刃着冰支撑身体，重心落在后刀上。听到预备口令时，屈髋屈膝降低重心，目视前方，两臂自然弯曲，并开肩抬肘，同时两脚内刃压紧冰面控制平衡，重心在两腿之间稍偏前点。听到跑口令时，后脚快速蹬冰，身体迅速转向前方，同时两臂积极摆动，前脚稍抬起快速外转向前一小步，随即两脚交替外八字加速疾跑。起动后疾跑阶段的身体重心较高、步幅越来越大，疾跑中一要注意提髋送髋向前跑，二要注意后蹬冰。起动后疾跑五六步，进入重心较低的滑跑或滑行阶段。

3.终点冲刺技术（视频3-27）

【动作要领】终点判断名次是以脚上的冰刀抵达终点顺序为准。所以在冲刺阶段最后一程接近终点时，看谁脚上的冰刀抵达终点先后判断名次，所以在最后快速冲刺将要抵达终点时，有了冲刺步。即运动员接近终点时，双脚支撑刹那，其中有一冰刀变为前脚箭步飞出向前抵达终点，此时身体重心在两脚之间稍后移。

视频3-25　　视频3-26　　视频3-27

（二）倒滑

1.向前向后滑椭圆练习

熟练向前向后滑椭圆练习，是连续向前或向后滑椭圆及倒滑的基础。

【动作要领】首先，从“V字”站立开始，然后，屈髋屈膝保持重心半蹲，重心前移，两脚向两侧蹬冰，在两脚同时向前滑动基础上，当两脚同时两侧蹬冰打开近两肩宽时，两脚尖内扣，同时立刀立正刃，大腿主动发力带动膝关节和小腿回收靠近，直至两脚尖靠近成呈字形停止。两脚运行轨迹如同一个椭圆或较长的椭圆，这就是向前滑椭圆。在两脚内八字形停止位，重心后移，同时两脚向两侧蹬冰，当两脚向后滑动近两肩宽时，脚跟后刀扭动靠近，随即立刀立刃，大腿带动小腿回收靠近，直至两脚形成“V”字脚停止为准，这就完成了向后滑椭圆。

2.连续向前滑葫芦（视频3-28）

视频3-28

【动作要领】基本姿势，两脚呈“V”字站立，脚跟并拢，两腿弯曲，屈髋屈膝保持重心半蹲，重心放在冰刀的后半部后脚掌。用两脚外刃向后蹬冰，随即两脚向前滑动，同时两脚尖向两边分开。向前外滑至最大弧线（两脚稍宽于肩）时，两大腿主动发力带动膝关节和小腿与脚回收，同时两脚尖内扣，并注意边收腿边立冰刀；当两脚靠近时，两脚尖收拢，两膝用力伸直，恢复至开始姿势，凭借运动惯性，再顺势两脚同时向两侧蹬开；当两脚距离接近两肩宽或两脚稍宽于肩时，再注意大腿发力带动膝脚回收，同时两脚内扣，并注意边收腿边立冰刀；当两脚靠近时，主动变两脚平行向前，凭借运动惯性。反复练习，体会身体两腿两脚的协调向前运动。随后重复上述滑行动作，连续向前滑行，滑出葫芦的形状。

3.连续向后滑葫芦（视频3-29）

视频 3–29

【动作要领】基本姿势，两脚呈内八字形，脚尖稍向内，两腿弯曲，屈髋屈膝保持重心半蹲，重心放在冰刀的前半部前脚掌。用两脚内刃向前蹬冰，随即两脚向后滑动，同时两脚跟向两边分开。向后外滑至最大弧线（两脚稍宽于肩）时，两大腿主动发力、带动腿脚向内同时扭动脚跟回收靠近，在收腿过程中，注意边收腿边冰刀；当两脚靠近时，主动变两脚平行，凭借运动惯性，再顺势两脚同时向两侧蹬开；当两脚距离接近两肩宽或两脚稍宽于肩时，再注意大腿发力带动膝脚向内同时扭动脚跟，回收靠近，在收腿过程中，注意边收腿边立刀；当两脚靠近时，主动变两脚平行。反复练习，体会身体两腿两脚的协调向后运动。随后重复上述滑行动作，连续向后滑行，滑出葫芦的形状。

4.倒滑直道滑（视频3-30）

视频 3–30

【动作要领】从两脚平行半蹲位开始，移动重心到一脚，使得鼻尖与重心腿膝尖与脚尖形成三点一线，同时另一脚向侧蹬冰，蹬冰腿接近蹬展刹那，连贯快速扭动脚跟顺势滑动收回靠近滑行腿。之后将重心变换到另一脚准确到位，同时对侧脚蹬冰扭动足跟滑行收回靠近重心脚或滑足。反复移动重心，蹬冰扭足滑行，形成后滑双曲线。做倒滑直道滑或后双曲线滑行前，可以体验向后踏步练习。

5.倒滑弯道（向左侧压步）

【动作要领】当重心在左脚上，右脚蹬冰扭动足跟向左脚外侧滑过，形成右腿在前、左腿在后的交叉步，同时变换重心落在右脚上（并保证右脚脚尖、右膝尖与鼻尖三点一线）；身体继续向左侧或圆心方向挤靠同时，左脚收回向左侧后方落冰支撑；当左脚落冰刹那，重心同步换到或移到左脚；当左脚落冰，继续重复右脚动作。倒滑压步前，可做些连续单侧蹬冰诱导连续。

6.倒滑弯道（向右侧压步）

【动作要领】当重心在右脚上，左脚蹬冰扭动足跟向右脚外侧滑过，形成左腿在前、右腿在后的交叉步，同时变换重心落在左脚上（并保证左脚脚尖、左膝尖与鼻尖三点一线）；身体继续向右侧或圆心方向挤靠同时，右脚收回向右侧后方落冰支撑；当右脚落冰刹那，重心同步换到或移到右脚。当右脚落冰，重心在右脚时，继续重复左脚动作。

7.倒滑减速与制动（“T”形减速制动法）

【动作要领】以重心在左腿为例。当重心在左腿滑行时，躯干稍前倾，右腿收腿后，右脚外旋与左脚垂直，并向左腿滑动方向用右脚内刃沿着地面快速伸出与冰面摩擦减速。

8.正滑转倒滑

【动作要领】以重心在右腿为例。向前滑行时，当左脚蹬冰时，重心一定在滑行的右腿上。特别注意，借助重心在右腿和左脚及时蹬冰，身体以右脚为支点，顺势向左后扭转躯干和臀部180°，同时左腿借助蹬冰时的反作用力，及时将左臀部、大腿和小腿向转体后的方向引带，并使左脚跟向后，快速移动靠近右脚或略偏右脚后，随后右脚顺势顺脚使两脚脚跟指向一致，重心保持在右腿。当转体后，重心还落在右脚时，再将重心移动到左脚，同时右脚蹬冰，自然衔接倒滑。

9.倒滑转正滑

【动作要领】当倒滑重心在右脚上，左脚蹬冰后迅速扭动脚跟靠近右脚收回到右脚后刹那，左脚外转180°并下放，并及时配合身体左后转180°和重心移动到左脚，形成向前的滑动，衔接正滑。

10.正滑转倒滑的综合练习

正滑转倒滑—倒滑直道滑—倒滑左侧连续压步—倒滑右侧连续压步—倒滑转正滑。

第四节 滑冰课程教学设计

一、课程简介

滑冰运动是一项勇敢者的运动。由于它蕴含着鲜明的娱乐性、运动性、技巧性和竞争性，所以深受广大青少年的喜爱。本课程主要教授内容为，正滑的直道滑、弯道滑和倒滑的直道滑、弯道滑及其减速、制动等基本滑行技术和技巧。近年来，滑冰开始走进学校体育课的课堂，成为典型而新兴的校园体育项目。

二、教学目标

滑冰运动是我国学生和青少年喜欢的一项冬季户外运动。近年来，由于人工制冷冰场的出现，参加滑冰运动的人越来越多，可以想象滑冰运动会被越来越多的人喜爱和掌握。通过近几年与其他院校认真交流和调研，结合教学实践与思考，重新修订了滑冰课程，供其他院校和同行学习实践参考。

（1）通过冰上课的理论知识与实践课的学习使每个学生学会滑冰这项运动。

（2）通过教学使学生感受到冰上运动的乐趣，促进学生心血管和呼吸系统机能的改善，增强腰、腹、腿部肌肉的力量和各关节的灵活性、韧性；从而全面提高身体机能。

（3）通过冰上课有效地增强学生抗寒耐寒能力；人体的平衡能力，培养学生勇敢、顽强、不畏困难、适应生活环境能力的优秀意志品质。

三、学时分配

1. 第一学期教学内容32学时

课程序号	具体内容	学时
一	速滑运动简介、安全教育	0.5
二	基本站立	0.5
三	原地移动重心诱导练习	2
四	迈步移动重心实操练习	3
五	直道滑行	10
六	弯道滑行	11
七	摆臂技术、起跑	1
八	减速方法（犁式停止法、转体法、外刃减速法）	2
九	考试	2

2. 第二学期教学内容32学时

课程序号	具体内容	学时
一	安全教育和新学期学习要求	0.5
二	复习直道弯道滑行技术	2
三	正向滑葫芦	1
四	倒向滑葫芦	1
五	正滑起跑及终点撞线	0.5
六	倒滑的直滑	8
七	倒滑向左侧压步	10.5
八	倒滑向右侧压步	2
九	正滑转倒滑	2
十	倒滑转正滑	2
十一	倒滑减速与制动	0.5
十二	考试	2

四、教学内容及进度

1.速度滑冰第一学期教学进度

课次	教学内容	重点与难点
1	1.速滑运动简介与安全教育 2.熟悉速滑鞋 3.站立方法 4.原地横向移动重心练习 5.蹲起练习 6.原地抬腿踏步练习 7.向前行走和走步式转弯	重点：正刃支撑 难点：支撑与行走
2	1.复习原地横向移动重心练习、蹲起练习、原地抬腿练习 2.学习跌倒和站起练习 3.复习和提高向前行走能力 4.学习侧蹬结合的双腿滑行	重点：正刃支撑 难点：支撑与行走
3	1.复习和提高向前行走能力 2.学习走步式结合蹬地转弯练习 3.学习横向迈步和侧前向迈步重心移动 4.进一步学习单脚支撑蹬冰滑行	重点：重心移动到位和双脚滑行 难点：重心移动
4	1.进一步熟练迈步重心移动 2.进一步学习交替蹬地接单脚与双脚滑行 3.学习摆臂技术 4.结合摆臂的单支撑蹬冰动作和双支撑蹬冰动作	重点：蹬冰与滑行 难点：摆臂协调性
5	1.进一步熟练重心移动、提高单脚支撑和平衡协调能力 2.进一步学习直道滑行 3.学习双脚平行短步蹬地转弯技术 4.学习交叉步滑行	重点：重心移动到位和单脚滑行 难点：单脚稳定滑行
6	1.进一步规范直道滑行技术 2.改善和提高弯道交叉压步技术 3.进一步学习弯道滑行技术	重点：弯道右腿滑跑 难点：弯道交叉步重心调整
7	1.进一步熟练直道单腿滑行，提高平衡能力 2.进一步熟练弯道左右腿蹬冰滑跑 3.学习摆臂动作与弯道技术的结合	重点：弯道压步蹬冰 难点：弯道压步蹬冰重心调整
8	1.进一步规范直道滑行 2.进一步熟练结合蹬地的弯道交叉压步技术 3.学习进出弯道技术，领会惯性转弯与起跑技术	重点：进出弯道技术 难点：弯道速度及方向的控制

续表

课次	教学内容	重点与难点
9	1. 复习提高直道滑行 2. 介绍体会起跑技术 3. 结合摆臂和蹬地进一步学习直道和弯道压步技术 4. 明确期末考试内容与要求	重点：正向滑跑及惯性转弯技术 难点：惯性转弯技术重心控制
10	1. 结合起跑和摆臂进一步规范正向直道滑跑技术 2. 进一步学习和熟练弯道连续交叉压步能力 3. 进一步熟练弯道惯性双腿滑行转弯	重点：弯道连续交叉压步 难点：连续惯性转弯技术重心控制
11	1. 结合起跑和摆臂进一步学习和熟练直道滑行和弯道连续交叉压步能力 2. 进一步熟练弯道惯性双腿滑行转弯 3. 有针对性个人自由安排练习	重点：直道与弯道滑行 难点：弯道连续压步
12	1. 全面复习改进提高正向直道和弯道滑行能力 2. 学习弯道转弯减速与制动	重点：直道弯道滑行 难点：转弯减速制动
13	1. 全面复习考试内容 2. 介绍右侧向的顺时针方向惯性转弯	重点：直道弯道滑行 难点：转弯减速制动
14	1. 全面复习考试内容 2. 介绍惯性转弯综合练习	重点：熟练考试动作质量 难点：多变惯性转弯
15	1. 全面复习 2. 模拟考试练习	重点：积极主动安全有效复习考试内容 难点：熟练安全提高动作质量
16	1. 复习考试内容 2. 考试	重点：积极熟练动作、高质量完成考试 难点：积极熟练动作、高质量完成考试

2. 速度滑冰第二学期教学进度

课次	教学内容	重点与难点
1	1. 简介本部分学习和考试内容 2. 加强安全教育 3. 复习正向直弯道滑行技术 4. 介绍终点冲刺 5. 学习“T”形减速制动法 6. 学习向前向后滑椭圆练习	重点：滑行基本姿态 难点：“T”减速制动

续表

课次	教学内容	重点与难点
2	1. 规范直道滑跑练习 2. 进一步学习“T”形减速制动法 3. 规范弯道压步技术 4. 进一步熟练弯道惯性转弯减速与制动 5. 学习倒滑葫芦	重点：滑行基本姿态 难点：弯道惯性减速与制动
3	1. 复习正向滑行 2. 进一步加强与改进弯道交叉步 3. 进一步学习熟练减速与急停 4. 熟练正滑葫芦 5. 进一步学习倒滑葫芦	重点：滑行基本姿态 难点：弯道惯性减速与制动
4	1. 全面复习提高正滑直弯道能力 2. 进一步体会起跑技术 3. 结合起跑的正向滑跑综合练习 4. 复习正向滑葫芦和倒滑葫芦 5. 学习倒滑直道滑	重点：倒滑直道滑行 难点：倒滑直道滑收腿放脚的位置
5	1. 复习正向直道弯道滑行 1000～1600 米 2. 结合起跑的直道滑行和减速与制动 3. 复习正向滑葫芦与倒滑葫芦 4. 学习倒滑直道滑 5. 学习正滑转向倒滑技术	重点：倒滑直道滑行 难点：正滑转倒滑
6	1. 复习正向直道弯道滑行 1000～1600 米 2. 结合起跑的直道滑行和减速与制动 3. 复习正向滑葫芦与倒滑葫芦 4. 学习倒滑直道滑 5. 进一步学习正滑转向倒滑技术	重点：倒滑直道滑行 难点：正滑转倒滑
7	1. 复习正向直道弯道滑行 1000～1600 米 2. 进一步学习正滑转向倒滑技术 3. 复习提高倒滑直道滑 4. 学习弯道倒滑短步转弯	重点：倒滑直道滑蹬冰腿收腿放脚的位置 难点：熟练正滑转倒滑
8	1. 正向滑行强化练习 2. 进一步学习正滑转向倒滑练习 3. 倒滑直道滑行练习 4. 进一步学习弯道倒滑短步转弯	重点：倒滑直道滑蹬冰腿收腿放脚的位置 难点：熟练正滑转倒滑

续表

课次	教学内容	重点与难点
9	1.强化正向滑行技术 2.进一步学习正滑转向倒滑 3.学习正滑转倒滑衔接直道滑行 4.学习弯道倒滑向左交叉压步技术	重点：倒滑直道滑蹬冰腿收腿放脚的位置 难点：倒滑连续左侧压步
10	1.倒滑直道滑行跑强化练习 2.进一步学习正滑转倒滑衔接直道滑行 3.学习倒滑左侧压步 4.学习倒滑转正滑 5.正滑衔接倒滑、倒滑衔接正滑综合练习	重点：倒滑左侧压步 难点：倒滑连续左侧压步
11	1.复习倒滑衔接正滑 2.复习正滑衔接倒滑 3.复习倒滑左侧压步 4.介绍倒滑右侧压步 5.学习倒滑减速与制动	重点：熟练倒滑左侧压步 难点：开阔的运动视野
12	1.进一步学习倒滑减速与制动 2.复习倒滑直道和弯道左侧交叉压步 3.正滑倒滑互换的动作组合练习	重点：熟练倒滑左侧压步 难点：运动与运动视野之协调
13	1.进一步熟练倒滑弯道一个方向压步 2.动作串联组合练习（正滑转倒滑倒—滑直道滑行—倒滑弯道一个方向压步或短步转弯—倒滑转正滑）	重点：熟练倒滑左侧压步 难点：运动与运动视野之协调
14	1.进一步学习倒滑右侧压步 2.全面复习倒滑考试内容 3.根据个人情况有针对性练习与提高	重点：熟练考试动作 难点：协调运动与运动视野之协调匹配
15	1.考试正滑直道弯道和惯性转弯及其减速制动内容 2.全面复习倒滑考试组合内容	重点：完成正滑综合能力考试；积极熟练倒滑综合组合考试内容 难点：协调运动与运动视野之协调匹配
16	1.复习倒滑组合考试内容 2.考试	重点：积极熟练动作、较高质量完成考试 难点：积极主动、熟练安全、高质量地完成考试

五、滑冰课程典型教学案例

滑冰课程教案

课程名称：__________任课教师：__________ 职 称：__________

授课学院：__________授课专业：__________年级班级人数：__________

场地器材：____________________ 课次/授课时间：__________

内容	1. 复习和提高向前行走能力 2. 学习连续侧向配合蹬地滑行 3. 进一步学习单脚支撑蹬冰滑行	教学目标	1. 知识与技能：了解相关内容的理论知识；初步掌握相关内容的技术动作 2. 价值与态度：认真学习，积极参与，养成良好的学习习惯

	内容	常规解决方法	特色解决方法
重点	重心移动、双支撑与单支撑	认真听，反复练	分解示范并讲解
难点	重心移动和单支撑滑行	认真听讲，反复练习	分解示范并讲解
注意事项	1. 注意安全 2. 认真听课，反复练习 3. 多动脑筋，不懂及时询问		

阶段	授课及练习内容	组织与教法	过程目标	时间
开始部分	1. 体委整队，报告人数，师生问好 2. 点名考勤 3. 提示课上课下安全教育 4. 介绍本次课教学计划	×××××××××× ×××××××××× ▲		5分钟
准备部分	1. 原地抬腿活动膝关节 2. 慢跑热身 3. 原地徒手操（五节） 头部运动、扩胸运动、膝关节触胸、弓步压腿、弓步转体 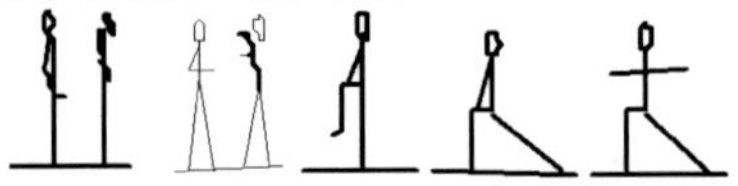 4. 原地陆地有针对性的专项素质练习（肩部、肘部、手腕部和髋部、膝部及脚踝关节力量和柔韧性练习）	1. 要求：主动练习 2. 绕场慢跑热身 3. 要求：动作认真、正确、协调、有力 4. 要求：动作认真、正确、协调、有力	1. 完成30～40次 2. 注意呼吸 3. 通过原地徒手操，提高肌肉兴奋性和关节活动范围，避免受伤 4. 通过专门性活动，进一步提高肌肉兴奋性和关节活动能力，进一步避免受伤	10分钟

续表

阶段	授课及练习内容	组织与教法	过程目标	时间
	1.模仿练习 （1）基本滑行姿态练习 （2）原地横向移动重心 （3）原地蹲起 （4）移动重心配合蹬地专门练习（侧蹬回收、重心移动原地侧蹬练习） （5）移动重心配合下肢蹬地练习 ①原地单腿支撑练习 ②蹬冰、收腿 2.换鞋练习 （1）结合蹬地滑行练习 （2）学习连续侧向配合蹬地滑行 （3）进一步学习单脚支撑蹬冰滑行 3.换鞋放松	1.复习 （1）体操队形 ×××××××××× ×××××××××× ▲ （2）移动重心配合下肢蹬地练习 组织形式：分为4组，1列纵队，保持滑行节奏一致 × × × × × × × × × × × × × × × × ▲ 2.体验 （1）教师讲解示范；学生散开认真体验 （2）与（3） 提示侧蹬与收腿相结合；放脚同时身体重心转移；同时正刃支撑 围绕场地顺时针方向练习	1.立正轮、压正刃 （1）屈髋屈膝、身体重量均匀压在两脚上；正刃支撑 （2）三点一线；八轮向重心移动方向微微倾斜 （3）立轮正刃；躯干与水平面夹角不变以维持平衡 （4）正刃支撑；迈小步；由小到大 2.正刃支撑；迈小步；由小到大 向侧蹬冰；收腿连贯；放脚同时重心到位 把握蹬冰的时机，浮腿前摆，身体重心与滑行方向垂直	70 分钟
		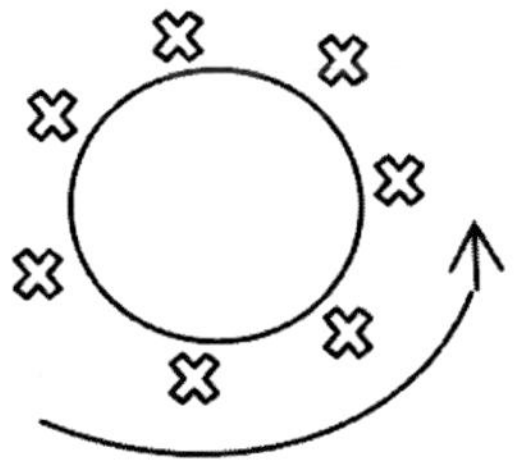 注意：一侧腿支撑，另一侧腿依次侧蹬、后引、收回，脚部行进路线呈三角形；场地中间练习		

续表

阶段	授课及练习内容	组织与教法	过程目标	时间
结束部分	1.原地放松操  2.课程小结，布置课下任务 3.师生再见	1.进行静态拉伸 2. ×××××××××× ×××××××××× ▲	1.身体各个关节尽量放松 2.肯定成绩多鼓励；指出不足和改进方法，并布置课下练习作业	5分钟
备注				

高校滑冰课程教案 二维码

第1次课 第2次课 第3次课 第4次课

第5次课 第6次课 第7次课 第8次课 第9次课 第10次课

第11次课 第12次课 第13次课 第14次课 第15次课 第16次课

第 1 次课　第 2 次课　第 3 次课　第 4 次课

第 5 次课　第 6 次课　第 7 次课　第 8 次课　第 9 次课　第 10 次课

第 11 次课　第 12 次课　第 13 次课　第 14 次课　第 15 次课　第 16 次课

第四章 滑轮（旱雪）课程及其教学

滑轮课程及其教学部分，共包括四节内容。主要涉及滑轮运动概述、滑轮设备及穿戴方式、滑轮课程的教学内容及滑轮课程教学设计。

第一节 滑轮运动概述

滑轮项目是越野滑雪的夏季训练及比赛项目，其运动原理和越野滑雪基本一致，主要区别为越野滑雪是冬季雪上运动，滑轮是夏季公路运动。通过开展滑轮运动，可以帮助冰雪运动爱好者实现日常训练的目的，同时推动滑轮爱好者转变为冰雪运动爱好者。

一、滑轮运动简介

滑轮作为越野滑雪夏季训练手段和非雪季比赛方式，在欧美国家十分普及。

20世纪30年代中期，在北欧出现了第一个滑轮器械。50年代初，当越野滑雪开始发展成为一项正式的竞赛项目时，良好的夏季训练变得越来越重要。从50年代到70年代，世界各地的人们都在试验带轮子的滑雪板。70年代，标准的滑轮器械出现，所有的滑轮器械都有一个前轮和两个后轮。这个金属框架长70厘米到100厘米（2英尺4英寸到3英尺4英寸）。运动员们开始进行比赛。1976年，一位名叫Giustino Del Vecchio的飞行员在蒙扎创造了一项纪录，他在24小时内完成了240.5公里，这要归功于他设计的滑轮，它使用了来自飞机工业的材料和技术；窄实心车轮与硬胎面，反向锁定滚珠轴承，使推动向前。1987年，马克·理查森（1962年5月25日）5月6日至21日从法国夏蒙尼滑向英国坎特伯雷，全程约1000公里（621英里）。

自由技术在越野滑雪运动中的引入改变了运动员的训练需求，从而影响了滑轮的设计。

越野滑雪项目由于受季节、气候、场地、交通和经费等条件的限制，我国一般专业队优秀选手每年的雪期训练平均为3.5～5个月，而非专业队的青少年运动员，每年的雪期训练平均仅为1.5～3个月。滑轮与雪上滑行技术动作基本一致，运动员通过滑轮训练，对滑行器具控制和运用的能力增强，同时身体各部专项肌肉群也得到了相应的发展。在无雪期进行全面系统的滑轮训练，运动员的专项素质、机能、技术、战术和心理素质都会得到发展，可弥补雪期训练时间短的不足。

二、滑轮相关赛事

欧洲滑轮联盟成立于1985年左右，1988年在荷兰举办了首届欧洲滑轮锦标赛。滑轮运动的发展引起了国际滑雪联合会的注意。1992年，FIS承认滑轮是一项有别于越野滑雪的运动。第1届世界运动会于1993年在海牙举行，同年举行了首届世界杯滑轮比赛。1998年，在布拉格，FIS授予滑轮正式的FIS世界锦标赛。

2019年国际雪联A级赛事，滑轮世界杯赛在北京举行，运动员王强为我国首夺滑轮世界杯冠军。

目前，旱地滑雪（滑轮）课已走进了许多大中小学的体育课堂，同时也带动了滑轮赛事的热潮。国内主要比赛有：全国滑轮锦标赛、全运会滑轮比赛、全国中小学生滑轮比赛、全国大学生滑轮比赛等。

第二节　滑轮器械及其穿戴方法

一、主要器材

滑轮的主要器材包括护具（头盔、护膝护肘、手套等）、手杖、滑轮（图4-1）。

图4-1

二、器械的结构

（一）滑轮的结构

滑轮的轴距约540毫米，包含刹车片、尺码调节带、巴扣、脚跟止抬系统、轮胎、轮毂、等零件。刹车、刹车的高度、调节小腿腿型功能、巴扣、调节鞋号功能均能调节，有清晰的左右脚分别（图4-2）。

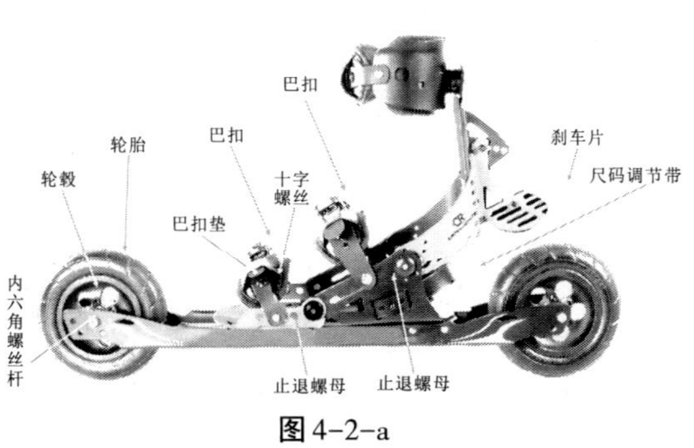

图4-2-a

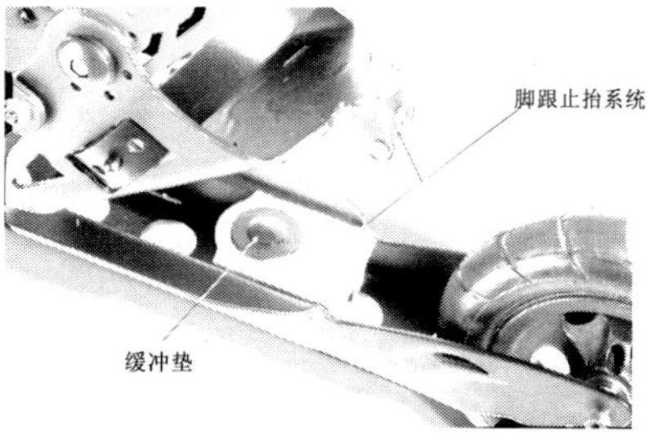

图4-2-b

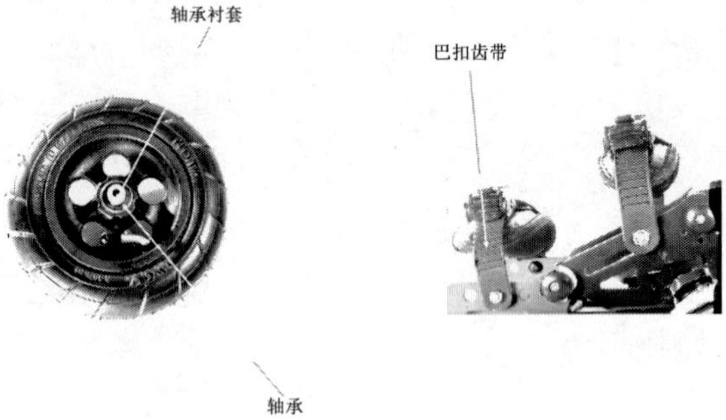

图4-2-c

（二）雪杖的结构

雪杖包括腕带、握柄、杖体、杖尖、高度调节器（图4-3）。

图4-3

三、器械的穿戴

（一）滑轮穿脱（视频4-1）

视频4-1

第一步：首先分辨左右脚；根据自己的腿形调节小腿部的螺母（X形腿往里移动、O形腿往外移动，再把螺母拧紧，正常的腿形不用调节，放在中间就可以）把黑色尺码调节带往前移动鞋号变小、往后移动鞋号变大；根据自己的滑行技术调节刹车的高度。

第二步：把三个巴扣全部打开，再把自己的脚放在滑轮上；先扣小腿的巴扣，再扣第一个和中间的。

（二）滑雪手杖调节（视频4-2）

视频4-2

根据每节课滑行技术动作来调节雪杖的高度。传统技术动作要求雪杖高度与腋下或肩膀齐平；自由技术动作要求雪杖高度到耳垂和肩部以上。雪杖的材质大多用铝合金。调节手杖时先把雪杖上调节扣打开，把雪杖调节到自己需要的高度再把调节扣扣上。

四、安全要求

掌握安全的摔倒方法是在滑轮训练时避免受伤的有效方法。进行滑轮练习时将头盔、护具穿戴整齐，禁止用手杖乱挥，以及互相打闹。

第三节　滑轮课程的教学内容

一、第一学期教学内容

（一）基本站姿与安全提示

1.基本站姿——平行站立

核心收紧；手杖垂直高度同肩峰高度，杖尖放于两脚外侧平行向前微倾斜，双手握住握柄，手臂呈自然下垂状态，略宽于肩（图4-4，视频4-3）。

图4-4-a

图4-4-b

图4-4-c

视频4-3

2.基本站姿——八字站立

目视前方，双脚呈八字站立，膝关节微屈、重心放于全脚；手杖垂直高度同耳垂位置，杖尖放于两脚外侧，平行向前微倾斜，双手握住握柄，手臂呈自然下垂状态，略宽于肩（图4-5，视频4-4）。

图4-5-a

图4-5-b

视频4-4

3.跌倒与站起（视频4-5，视频4-6）

视频4-5　视频4-6

为避免在滑行中出现损伤，要学会如何跌倒与站起。

（1）跌倒。

滑行过程跌倒时，遇到失去重心，无法控制平衡时，要避免向前后摔倒。

①先把手杖扔到两侧，迅速屈膝降低重心，尽量向侧后方摔倒，保持团身姿势；

②摔倒时，臀部向外侧坐，尽量避免用手着地，用小臂有护具地方接触地面，臀部着地，避免手掌撑地，造成腕关节损伤。

（2）站起。

初学时跌倒后需用正确方法站起，避免再次跌倒。

①站起时需上体坐起，可先脱掉手杖，单手或双手撑地，双脚保持平行且与支撑手臂在一条直线上；

②借助地面力量呈半起身状态后，拿起双杖支撑站起；

③如无法站起，可先将滑轮脱掉，站起后重新穿戴，再次滑行。

（二）滑轮适应性练习

1.徒手练习

视频4-7

（1）屈膝弹动摆臂练习（视频4–7）。

① 在原地站姿的基础上，双臂头上举；

② 双膝向下弯屈弹动，同时躯干前屈，双臂自头上经前向后摆动。

（2）单腿蹬动练习（视频4–8）。

①在原地站姿的基础上，双手背后；

②躯干前屈双膝弯屈下蹲；

③直立起身同时单腿向后蹬动摆腿。

视频4–8　视频4–9

（3）弓步弹动前后摆臂练习（视频4–9）。

①在原地站姿的基础上，呈弓步站立，后脚脚跟抬起；

②双膝同时弯屈一次，同时一侧手臂前上摆，一侧手臂向后摆；

③双膝同时再弯屈一次，左右臂交换摆动。

视频4–10

（4）左右跨步练习（视频4–10）。

①重心放于主力腿（以左腿为例），左腿微屈膝躯干前屈，双臂呈摆臂状态，左臂在后、右臂在前；

②左腿继续屈膝弹动一次，并蹬地、双臂摆动；

③蹬地后换至右脚，同时摆臂至右臂在后、左臂在前。

视频4–11

（5）行进间跨步练习（视频4–11）。

①在原地站姿的基础上，双膝微屈，双臂放于身体两侧；

②左脚蹬地，右脚向右前方跨出一步，双臂经前至上摆；

③右脚落地后屈膝弹动并蹬地，左脚向左前方跨出一步，同时双臂经前至下摆。

（6）双臂摆动练习（视频4-12）。

视频4-12

①双腿分开站立，右腿在前、左腿在后，宽度大于肩宽，双膝微屈，双臂自然向下；

②向右移动重心并且重心上移，同时双臂经前至上摆；

③向左移动重心，同时重心下降，躯干前屈，双臂经前向下并向后摆动。

2.持杖练习（视频4-13）

视频4-13

（1）双杖撑地，原地高抬腿。

双杖撑地，在原地站姿的基础上，进行双腿依次向上抬起动作，大小腿垂直，大腿抬起至与地面平行位置。抬腿时，重心移到支撑腿。脚踝发力呈勾脚状态，使滑轮平行于地面。

（2）双杖撑地，原地踏步（图4-6，视频4-14）。

图4-6-a

图4-6-b

视频4-14

双杖撑地，在原地站姿的基础上，进行双腿交替向上抬起动作，脚踝发力呈勾脚状态。

（3）持杖原地360度踏步转体（图4-7，视频4-15）。

图4-7-a

图4-7-b

图4-7-c

图4-7-d

视频4-15

可进行顺时针或逆时针踏步转体。以顺时针为例，向右转时先迈出右脚，右侧手杖与右脚同时离开地面、并同时落地，重心移至右腿，躯干转至移动方向，再迈出左脚，左侧手杖与左脚同时离开地面、并同时落地，落地后双脚保持平行状态。可运用4～6次交替踏步完成360°转体。

（4）持杖向前行进（图4-8，视频4-16）。

在持杖站立的基础上向前交替行进，右脚向前迈步时左侧手杖同时离地并同时落地，再完成反方向左脚与右侧手杖动作。运动过程中双杖一直于矢状面内摆动。

（5）夹杖左右移动重心（图4-9，视频4-17）。

图4-8-a

图4-8-b

视频4-16

图4-9-a

图4-9-b

视频4-17

准备动作：双脚打开略宽于肩，并呈小外八字状态，夹杖、双臂摆臂、双手背后。

①向左移动时，重心移至左腿，膝关节弯曲，躯干前屈，脚尖、膝盖、下颚保持在一条直线上；

②起身至准备动作；

③移至右边，动作要求同左边。

（6）双杖撑地直摆腿（图4-10，视频4-18）。

图4-10-a

图4-10-b

图4-10-c

图4-10-d

视频4-18

在持杖基本站姿基础上，以摆右腿为例，先将重心移动至左腿，右腿前后摆动，摆动过程中右腿尽量伸直，踝关节保持稳定，不要放松。在保持躯干体态的基础上，逐步增加摆动幅度。可分别练习前后依次摆动，或前后连续摆动。

（7）双杖撑地，双腿蹲起（图4–11，视频4–19）。

图4–11–a

图4–11–b

视频4–19

在基本站姿基础上，双杖平行，放于滑轮前方，手臂自然伸直同肩宽，下蹲时尽量保持大腿与地面平行状态，且膝盖不超过脚尖方向，起身后还原至基本站姿。

（8）双杖撑地，单腿蹲起（图4–12，视频4–20）。

图4–12–a

图4–12–b

视频4–20

在基本站姿基础上，双杖保持平行且垂直于地面，放于滑轮前方，手臂向前略宽于肩，肘关节微屈。以右腿为例，重心移至左腿，下蹲时左腿半蹲，右腿离开地面（抬腿或屈腿），下蹲时膝盖不超过脚尖方向，起身后右腿还原。左腿动作同右腿，方向相反。

（三）滑轮传统式技术

1.同时推进滑行技术

此技术使用于平地与缓上坡滑行。

（1）技术要领（图4–13）。

①准备滑行动作：基本站姿；

②双臂上摆，两手臂成弧线向前摆动至肩上，肘关节微曲，杖尖离开地面保持斜向后位置；

③弯腰收腹，屈膝上臂带动前臂向后撑杖，杖尖落至双脚外侧中间位置，重心向前，臀部不要向后坐；撑杖后双手经膝关节两侧推至双臂伸直；

④撑杖结束，向前惯性滑行，躯干抬起，膝关节还原至微屈，双臂还原至肩上；

⑤动作具有连续性，不要脱节,目视前方、不要低头。

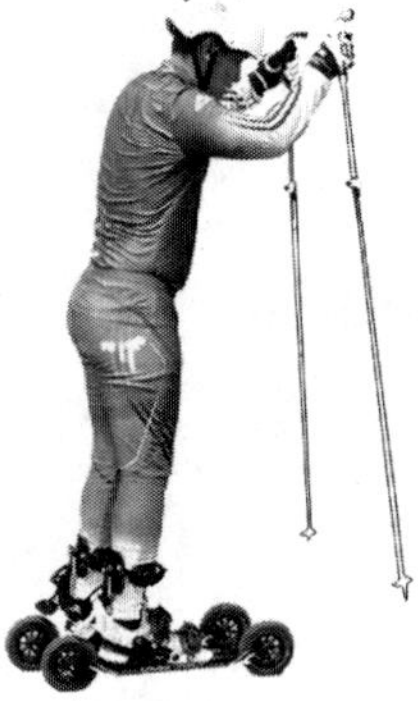

图4-13-a

图4-13-b

图4-13-c

（2）教学步骤（图4-14，视频4-21）。

图4-14-a

图4-14-b

图4-14-c

视频4-21

①无器械徒手模拟练习；

②无器械持杖模拟练习（图4-15，视频4-22）；

视频4-22

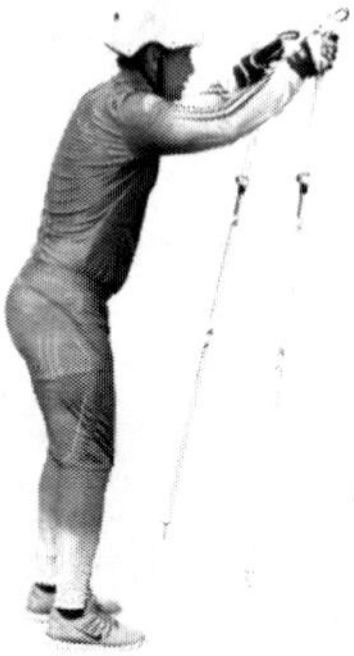

图4-15-a

图4-15-b

图4-15-c

③轮上持杖原地摆臂练习（图4-16，视频4-23）；

图4-16-a

图4-16-b

图4-16-c

图4-16-d

视频4-23

④轮上持杖撑杖滑行练习（视频4-24）；

⑤单次同时推进练习（视频4-25）；

⑥连续同时推进练习（视频4-26）。

视频4-24　视频4-25　视频4-26

（3）常见错误及纠正方法。

①膝关节在整个滑行过程中太直、太僵硬；

②杖尖落下位置太靠前或太靠后；

③上体弯腰收腹不够，不能用腰腹力量；

④向后撑杖用力不够，手臂不能继续向后推，没有送杖动作；

⑤手杖距离过宽或过窄，呈八字，双脚呈内外八字；

⑥躯干过直，无下压动作，手臂撑杖、送杖力度不够，距离过短，动作不连贯，臀部向后座，低头。

2.二步交替滑行技术

此技术使用于缓上坡与上坡滑行。

（1）技术要领（图4-17）。

①准备滑行动作：躯干前倾，前倾角度大于小腿与地面前倾角度，双脚平行，前后站立，膝关节、髋关节微屈，保持弹性，以有效产生推进力；

②行进过程中，重心放于支撑腿，右脚用力向后蹬动时，右臂沿着矢状面向前摆动，左脚向前滑行，同时左臂向后摆动并上臂带动前臂用力撑杖；

③支撑腿的蹬动即将结束时，重心平稳移向另一只脚，同时配合左臂向前，右臂向后，要利用向后蹬动的反作用力使身体重心移动并利用惯性向前滑行，蹬动结束后膝关

节、髋关节要伸直；

④滑行过程目视前方，不要低头，动作应具有连续性，不要脱节。

图4-17-a

图4-17-b

图4-17-c

图4-17-d

（2）教学步骤

①无器械徒手屈膝弹动原地摆臂练习（图4-18，视频4-27）；

图4-18-a

图4-18-b

图4-18-c

图4-18-d

视频4-27

②无器械徒手两步交替行进间模拟练习（图4-19，视频4-28）；

图4-19-a

图4-19-b

图4-19-c

图4-19-d

视频4-28

③轮上持杖屈膝弹动原地前后摆臂练习（图4-20，视频4-29）；

图4-20-a

图4-20-b

图4-20-c

图4-20-d

视频4-29

④轮上徒手两步交替行蹬动滑行模拟练习（图4-21，视频4-30）；

⑤两步交替完整动作（视频4-31）。

图4-21-a

图4-21-b

图4-21-c

视频4-30

视频4-31

（3）常见错误。

同手同脚、后蹬动作不充分、脚尖呈现八字状态、蹬动后身体舒展度不够、滑行过程中低头、单脚支撑时间过短、上下肢配合不协调。

3.跨一步同时推进滑行技术

此技术使用于平地或缓上坡路段。

（1）技术要领（图4-22）。

图4-22-a

图4-22-b

图4-22-c

①准备滑行动作：弯腰收腹，膝关节微屈，双臂自然下垂，双手握杖位于膝关节两侧；

②双臂上摆，两手臂成弧线向前摆动至肩上，肘关节微曲，杖尖离开地面保持斜向后位置，以右腿为例，向前摆杖的同时，右脚用力向后蹬动至膝关节伸直并伸髋，左脚跨出一步向前滑动，膝关节微屈，重心放于前腿；

③弯腰收腹，上臂带动前臂向后撑杖，杖尖落至双脚外侧中间位置，推杖后双手经膝关节两侧推至双臂伸直，同时收腿；

④左右腿交替进行；

⑤动作具有连续性，不要脱节，目视前方、不要低头。

（2）教学步骤。

①无器械徒手原地向后蹬动摆臂练习（图4–23，视频4–32）；

图4–23–a　图4–23–b　图4–23–c　图4–23–d　视频4–32

②无器械徒手行进跨一步同时推进模拟练习（图4–24，视频4–33）；

图4–24–a　图4–24–b　图4–24–c　图4–24–d　视频4–33

③轮上徒手原地单腿向后蹬动摆臂练习（图4–25，视频4–34）；

④轮上持杖原地单腿向后蹬动摆臂练习（图4–26，视频4–35）；

⑤跨一步同时推进完整动作（视频4–36）。

（3）常见错误动作。

上下肢不协调，如摆手与摆腿动作不同步，重心不在前腿，收腿不完整、蹬伸不充分，撑杖动作幅度小，蹬动、撑杖无力；低头，无目视前方。

图4-25-a

图4-25-b

图4-25-c

视频4-34

图4-26-a

图4-26-b

图4-26-c

图4-26-d

视频4-35　视频4-36

二、第二学期教学内容

（一）滑轮自由式技术

1.刨镐滑行技术

此技术可分别进行左右滑动。当场地特点为右侧偏高时，右边力量大于左侧力量；场地为平地时，根据自身左右力量不同，选择力量较大一面进行滑行，适用于上坡路段。

（1）技术要领（图4-27）。

图4-27-a

图4-27-b

图4-27-c

图4-27-d

①准备滑行动作：基本站姿2；

②行进时，重心下降，躯干前倾，右腿向斜前跨出并短暂滑行，重心放于右腿，同时双臂上摆，上摆时右侧手臂略高于左侧，杖尖斜向后，位于脚两侧；

③右腿向后蹬动，并上臂带动前臂用力向后撑杖，同时左脚经右脚近侧向左前方滑出，右腿收回至左腿旁，重心转移至左腿，并利用惯性向前滑行；

④动作具有连续性，不要脱节，目视前方、不要低头。

（2）教学步骤。

①无器械徒手行进跨步蹬动练习（图4-28，视频4-37）；

图4-28-a

图4-28-b

图4-28-c

视频4-37

②无器械徒手刨镐动作模拟练习（图4-29，视频4-38）；

图4-29-a

图4-29-b

图4-29-c

视频4-38

③轮上徒手跨步蹬动练习（图4-30，视频4-39）；

图4-30-a　图4-30-b　图4-30-c　图4-30-d　视频4-39

④轮上徒手行进跨步蹬动摆臂练习（图4-31，视频4-40）；

⑤轮上持杖刨镐完整动作练习（视频4-41）。

图4-31-a　图4-31-b　图4-31-c　图4-31-d　视频4-40　视频4-41

（3）常见错误。

手杖距离过宽、出轮角度过大，收腿时不能收至支撑腿近侧，有屈膝动作，重心移动不完整、膝盖内扣，躯干前倾下压不充分、蹬动力度不够、单板支撑时间段，自由滑行距离不长、收腿时有滑冰习惯性引腿动作，动作衔接不流畅。

2.一步一撑滑行技术（图4-32）

图4-32-a　图4-32-b　图4-32-c　图4-32-d

这种滑行方法是在蹬冰式滑行的基础上，加两手同时推撑的滑行。适用于缓上坡及上坡路段滑行。

（1）动作要领。

①准备滑行动作：基本站姿2；

②准备蹬动时（以右侧腿为例），膝关节弯曲、重心下降，躯干前倾；

③行进时，右腿向后蹬动，上臂带动前臂用力向后撑杖，杖尖落至双脚外侧中间位置，推杖后双手经膝关节两侧推至双臂伸直；同时左腿向斜前方滑出，右腿迅速收回至左腿旁；收腿同时双臂经身体两侧快速上摆至肩上，重心放于左腿，向前滑行1～2秒，单腿滑行时膝关节稍伸直，躯干抬起；

④重心再次下降准备蹬动位置，左腿向后蹬动，上臂带动前臂用力向后撑杖；同时右腿向斜前方滑出，左腿迅速收回至左腿旁；收腿同时双臂经身体两侧快速上摆至肩上，重心放于右腿，向前滑行1～2秒，单腿滑行时膝关节稍伸直，躯干抬起。双腿交替进行；

⑤达到上体直屈交替、膝部屈伸交替与臂部撑摆交替、用力与放松相结合的目的。动作具有连续性，不要脱节。目视前方、不要低头。

（2）教学步骤（图4-33，视频4-42）。

图4-33-a

图4-33-b

图4-33-c

视频4-42

①器械徒手行进八字蹬动练习；

②无器械徒手一步一撑行进模拟练习（图4-34，视频4-43）；

图4-34-a

图4-34-b

图4-34-c

视频4-43

③轮上徒手八字蹬动练习（图 4-35，图4-36，视频4-44）；

④轮上持杖一步一撑完整动作练习（视频4-45）。

图4-35-a

图4-35-b

图4-35-c

图4-35-d

视频4-44

图4-36-a

图4-36-b

图4-36-c

图4-36-d

视频4-45

（3）常见错误。

①撑杖时机与蹬动节奏不一致；

②撑杖用力不够，没有向后推撑动作；

③脚底蹬动不够，造成滑行距离短。

3.两步一撑滑行技术（图4-37）

图4-37-a

图4-37-b

图4-37-c

图4-37-d

适用于下坡路段。

（1）技术要领（以右腿为例）。

①准备滑行动作：基本站姿2；

②行进时，重心下降，躯干前倾，左脚蹬动后离开地面，左脚蹬动时右脚向斜前滑出，滑出后重心移动至右腿，右侧膝关节稍伸直，躯干抬起，同时双臂上摆至肩上；

③重心下降，躯干前倾，右腿用力向右侧后方蹬动，上臂带动前臂用力向后撑杖，同时左脚向左前方滑出，重心移至左腿，膝关节弯曲，右脚收于左脚近侧；

④整体动作形成一次撑杖滑行两步的技术动作，动作应具有连续性、不要脱节，目视前方、不要低头。

（2）教学步骤。

①无器械徒手行进八字蹬动练习（图4-38，视频4-46）；

图4-38-a

图4-38-b

图4-38-c

图4-38-d

视频4-46

②无器械徒手两步一撑行进模拟练习（图4-39，视频4-47）；

③轮上徒手八字蹬动练习（图4-40，视频4-48）；

图4-39-a

图4-39-b

视频4-47

图4-40-a

图4-40-b

视频4-48

④两步一撑完整动作（视频4-49）。

视频4-49

（3）常见错误。

①撑杖与蹬动节奏不一致；

②撑杖用力不够，没有向后推撑动作；

③脚底蹬动力度不够，造成滑行距离短。

4.转弯技术

（1）夹杖踏步转弯（视频4-50）。

①手杖夹于腋下，屈膝下蹲，重心移至右侧腿，躯干前倾；

②右腿蹬动（以左转弯为例），同时迈左腿向左屈膝踏步转身，重心移动至左腿，躯干向左倾斜；

③右脚踏步收至左脚旁；

④双腿快速移动；

（2）持杖踏步转弯（视频4-51）。

①手杖放于身体两侧，屈膝下蹲，重心移至右侧腿，躯干前倾；

②转弯过程中（以左转弯为例），右腿蹬动时双臂撑杖，同时迈左腿向左屈膝踏步转身， 重心移动至左腿，躯干向左倾斜；

③右脚踏步收至左脚旁；

④双腿快速移动，撑杖动作与右侧腿蹬动同步。

（3）平行式转弯（视频4-52）。

①双脚平行，屈膝下蹲，重心移至左侧腿，躯干前倾；

②转弯过程中（以左转弯为例），身体重心向左倾斜，重心移至左腿，左脚在右脚前保持平行位置，完成左转弯滑行。

③手杖可抬离地面或夹于腋下。

视频4-50　　视频4-51　　视频4-52

（二）滑轮其他技术

1.滑降技术

滑降技术是指由坡顶地段向下坡地段滑行的技术，主要有直滑降、犁式滑降等。一般直滑降应用于下滑线路平坦，宽阔、视野良好、可以最充分加快滑行速度的地段；半犁式和犁式滑降主要应用于下滑线路较陡、线路不平坦或者视线不够开阔、需要控制速度通过的地段。

（1）直滑降（图4-41，视频4-53）。

双脚平行，双膝弯曲，躯干前倾接近平行于地面，肘关节放于髌骨上侧，双臂夹杖，双手握手柄于下颚处，抬头目视前方。

视频4-53

图4-41-a

图4-41-b

图4-41-c

（2）犁式滑降（图4-42，视频4-54）

图4-42-a

图4-42-b

视频4-54

双脚开立略宽于肩，呈内八字，双膝关节、髋关节微屈，膝关节内扣，躯干微前倾，双臂夹杖或持杖放于身体两侧，抬头目视前方。

2.犁式停止技术

犁式停止技术一般要结合犁式滑降技术同时进行练习，重点在停止的动作。

（1）犁式停止动作要领（视频4-55 从犁式滑降到犁式停止）。

①在滑行中使滑轮成犁式状态；

②重心稍向后，同时两轮尾用轮内侧蹬开；

③逐渐加大后轮外推角度，直至停止。

视频4-55

（2）犁式停止技术教学步骤。

①从犁式滑降到犁式停止；

②从直滑降到犁式停止（视频4-56 从直滑降到犁式停止）；

（3）常见错误。

①滑轮成很窄的“V”字，或者有时板尖相碰；

②双脚用力不均匀，手向上放置，上体紧张，导致停止时出现转弯；

③膝关节太直，停止时不能将力量传导至滑轮；

④在有冰或者陡坡时，不能有效的停止。

视频4-56

（4）纠正方法。

①平坡进行原地分开板尾的练习；

②快停止时上体放松，将重心平均压在雪板上；

③膝关节在滑行时微曲，同时大腿逐渐分开；

④进行直滑降和犁式滑降结合，控制速度练习。

3.起滑技术（图4-43，视频4-57）

准备动作：双脚平行前后站立，后脚跟抬起，重心下降放于双腿之间，躯干前倾约45°，双臂持手杖与肩同宽，上臂、前臂折叠约30°，肘关节微外开，杖尖位于脚外侧，在双脚之间。

起滑时，后腿用力向后蹬动并撑杖，撑杖、蹬动需快速，撑杖后重心向斜上方移动，膝关节伸直，支撑腿脚跟抬起。

图4-43

视频4-57

4.蹬冰技术

（1）徒手蹬冰（图4-44，视频4-58）。

图4-44-a

图4-44-b

图4-44-c

视频4-58

①多用于下坡衔接上坡技术，双杖夹于腋下，重心降低，躯干前倾约45°；

②左腿向侧后方蹬动时，右腿向斜前方滑出，重心移至右侧腿，左腿收至右腿近侧；

③右腿向侧后方蹬动时，左腿向斜前方滑出，重心移至左侧腿，右腿收至左腿近侧；

④双腿依次滑行。

（2）持杖蹬冰（视频4-59）。

方法、要领同徒手蹬冰相同，即赛中蹬冰时将雪杖夹于腋下。

视频4-59

5.刹车技术（图4-45，视频4-60）

图4-45-a

图4-45-b

视频4-60

刹车时需降低身体重心，双手杖撑住地面，一侧腿作为支撑腿，另一侧腿的小腿用力向前滑出，直至停止，刹车完成。

（三）滑轮进阶动作

在滑轮比赛现场，是由传统式或自由式单个动作及转弯、滑降等结合在一起，行程完整的比赛动作，在不同的路段运用的动作不尽相同。

（1）起滑+同时推进示例（视频4-61）。

（2）同时推进+梨式滑降平行式转弯示例（视频4-62）。

（3）同时推进+刹车示例（视频4-63）。

（4）两步一撑+刹车示例（视频4-64）。

（5）传统式连续动作示例（视频4-65）。

（6）自由式连续动作示例（视频4-66）。

视频4-61　视频4-62　视频4-63　视频4-64　视频4-65　视频4-66

第四节　滑轮课程教学设计

一、课程说明

本课程主要教学实践环节以上课单元为单位，在各学校不同的学期周期内，利用体育课，开展课上滑轮技术知识、技术、技能学习，增强体育文化修养，提高体育运动兴趣与习惯，丰富大学体育生活，锻炼身心，强健体魄。

二、课程简介

越野滑雪项目由于受季节、气候、场地、交通和经费等条件的限制，其推广和训练都受到一定的限制，越野滑滑轮行与雪上滑行技术动作基本一致，运动员通过滑轮训练，对滑行器具控制和运用的能力增强，同时身体各部专项肌肉群也得到了相应的发展。在无雪期进行全面系统的滑轮训练，运动员的专项素质、机能、技术、战术和心理素质都会得到发展。所以高校滑轮课程的开展，必将进一步推动我国大众冰雪运动全面、可持续的发展。

三、课程目标

（一）运动参与目标

通过滑轮运动的学习形成自觉锻炼的习惯，基本形成终身体育的意识，能够制订可行的个人锻炼计划，具有一定的体育文化欣赏能力。

（二）运动技能目标

熟练掌握滑轮传统式与自由式的运动技能；能科学地进行体育锻炼，有效提高练习者平衡、灵敏等运动能力。

（三）身体健康目标

养成健康的体魄，提升体质健康状况，掌握有效提高身体素质、全面发展体能的知识与方法；养成良好的运动习惯，形成健康的运动方式。

（四）心理健康目标

在运动中体验运动的乐趣和成功的感觉，根据自己的能力设置体育学习目标；通过经常自觉参加体育活动改善心理状态、克服心理障碍。

（五）社会适应目标

表现出良好的体育道德，正确处理竞争与合作的关系。

四、学时分配

1.第一学期教学内容32学时

课程序号	具体内容	学时
一	滑轮运动简介、安全教育	1
二	基本站姿、跌倒与站起	1
三	原地适应性训练	4
四	同时推进滑行技术	6

续表

课程序号	具体内容	学时
五	两步交替滑行技术	8
六	跨一步同时推进滑行技术	8
七	起滑技术、刹车技术	1
八	直滑降技术	1
九	考试	2

2.第二学期教学内容32学时

课程序号	具体内容	学时
一	安全教育和新学期学习要求	1
二	转弯技术	2
三	两步一撑技术	8
四	蹬冰式技术	8
五	一步一撑技术	8
六	滑降技术	1
七	徒手蹬冰技术	2
八	考试	2

五、教学内容及进度

1.滑轮第一学期教学进度

课次	教学内容	重点与难点
1	1.滑轮运动简介与安全教育 2.熟悉滑轮器械 3.明确基本站姿和两种基本站立方法 4.跌倒与站起的练习	重点：轮上基本站姿 难点：支撑与行走
2	1.复习轮上基本站姿 2.双杖撑地，原地高抬腿练习 3.双杖撑地，原地踏步练习 4.持杖原地360°踏步转体练习 5.持杖向前行进	重点：原地适应性训练 难点：支撑与行走

续表

课次	教学内容	重点与难点
3	1.复习和提高原地适应性练习 2.双杖撑地，左右移动重心 3.双杖撑地，直摆腿 4.双杖撑地，双腿蹲起 5.双杖撑地，单腿蹲起	重点：轮上重心的移动 难点：重心移动
4	1.复习和提高原地适应性练习 2.无器械同时推进技术模拟训练 3.有器械分解动作练习	重点：同时推进技术分解动作 难点：上下肢的协调配合
5	1.进一步熟练单次同时推进技术 2.单次同时推进技术练习 3.多次连续同时推进技术练习	重点：同时推进技术完整动作 难点：上下肢的协调配合
6	1.增加动作幅度及移动速度 2.进一步熟练连续的同时推进技术 3.强调期末考试内容与要求	重点：连续同时推进动作 难点：动作的连贯性
7	1.复习同时推进技术 2.起滑技术 3.刹车技术	重点：起滑与刹车技术 难点：动作的协调性
8	1.复习同时推进技术 2.无器械两步交替滑行动作	重点：无器械两步交替滑行 难点：两步交替动作协调
9	1.进一步规范无器械两步交替滑行动作 2.轮上持杖两步交替滑行动作学习	重点：轮上两步交替动作 难点：单腿滑行
10	1.进一步熟练轮上持杖两步交替动作 2. 增加动作的速度与幅度练习两步交替滑行连续动作 3.强调期末考试内容与要求	重点：两步交替滑行连续动作 难点：单腿滑行
11	1.复习两步交替滑行动作 2.无器械跨一步同时推进技术	重点：器械跨一步同时推进技术 难点：动作的连贯性
12	1.进一步熟练无器械跨一步同时推进技术 2.轮上跨一步同时推进技术学习	重点：轮上跨一步同时推进技术 难点：单腿蹬地发力
13	1.复习轮上跨一步同时推进技术 2.增加动作速度与幅度完成连续动作 3.强调期末考试内容与要求	重点：跨一步同时推进技术 难点：单腿蹬地发力
14	1.复习跨一步同时推进技术连续动作 2.直滑降技术	重点：直滑降技术 难点：熟练安全，提高动作质量

续表

课次	教学内容	重点与难点
15	1.全面复习考试内容（同时推进技术、两步交替滑行技术、跨一步同时推进技术） 2.模拟考试训练	重点：熟练考试动作质量 难点：熟练安全，提高动作质量
16	考试	重点：积极主动安全有效复习考试内容 难点：熟练安全，提高动作质量

2.滑轮第二学期教学进度

课次	教学内容	重点与难点
1	1.简介本学期学习和考试内容 2.加强安全教育 3.复习滑轮传统式技术 4.介绍自由式技术	重点：复习传统式技术 难点：传统式技术
2	1.规范轮上基本姿态 2.无器械蹬冰式（自由式刨镐）技术练习	重点：无器械蹬冰式分解动作 难点：蹬腿发力动作
3	1.进一步规范无器械蹬冰式（自由式刨镐）分解动作 2.轮上徒手跨步蹬动练习 3.轮上徒手跨步蹬动摆臂练习	重点：轮上徒手练习 难点：动作的协调配合
4	1.进一步规范轮上蹬冰式（自由式刨镐）分解动作 2.单次蹬冰式（自由式刨镐）完整动作练习	重点：单次蹬冰式完整动作 难点：滑行过程中重心的转换
5	1.进一步完善单次蹬冰式（自由式刨镐）完整动作练习 2.增加动作的速度与动作的幅度完成连续动作 3.强调期末考试内容与要求	重点：蹬冰式连续动作 难点：滑行过程中重心的转换
6	1.复习蹬冰式（自由式刨镐）技术 2.犁式滑降技术	重点：犁式滑降技术 难点：动作的协调配合
7	1.复习犁式滑降技术 2.无器械两步一撑技术分解动作 3.轮上两步一撑分解动作练习	重点：两步一撑分解动作 难点：动作的协调配合
8	1.进一步熟练两步一撑分解动作 2.单次两步一撑完整动作	重点：单次两步一撑完整动作 难点：动作的协调配合

续表

课次	教学内容	重点与难点
9	1.进一步熟练单次两步一撑技术完整动作 2.增加动作的速度与幅度进行连续动作练习 3.强调期末考试内容与要求	重点：两步一撑连续动作 难点：动作的协调配合
10	1.复习自由式两步一撑技术 2.转弯技术	重点：转弯技术 难点：动作的协调配合
11	1.复习转弯技术 2.自由式一步一撑分解动作	重点：一步一撑分解动作 难点：动作的协调配合
12	1.进一步规范一步一撑分解动作 2.单次一步一撑完整动作练习	重点：一步一撑完整动作 难点：动作的协调配合
13	1.进一步完善单次一步一撑技术完整动作 2.增加动作的速度与幅度进行连续动作练习 3.强调期末考试内容与要求	重点：一步一撑连续动作 难点：运动与运动视野协调
14	1.复习一步一撑技术 2.徒手蹬冰技术学习	重点：徒手蹬冰技术 难点：运动与视野协调匹配
15	全面复习考试内容	重点：熟练考试动作 难点：运动与视野协调匹配
16	考试	重点：积极熟练动作、较高质量完成考试 难点：积极、主动、熟练、安全、高质量地完成考试

六、考核与评价方案

1.考核内容评价比例

平时成绩20%、技能部分80%。

2.考核标准细则与方法

（1）平时成绩考核计分细则20分（出勤、学习热情和劲头，以及进步幅度）。

出勤方面：满勤5分。请假缺课1次扣1分，缺课4次重修；旷课1次扣10分，3次旷课不评价，成绩重修。

学习投入程度：经常积极主动认真专注5分、一般3分、很差1分。

进步幅度：巨大或很大10分、一般6分、很小3分。

（2）课堂技能考核计分细则满分80分。

优秀（72～80分）：动作规范，滑行动作准确大方，动作连贯、滑跑流畅。

良好（64～71分）：动作较规范，滑行动作基本到位，动作连贯、滑跑较流畅。

及格（48～63分）：动作基本规范，滑行欠连贯、不熟练 。

不及格（48分以下）：动作明显不规范、不连贯、不流畅。

滑轮课程教学案例

授课内容	1. 滑轮运动简介与安全教育 2. 熟悉滑轮 3. 基本站姿 4. 跌倒与站起	教学目标	1. 知识方面：了解滑轮运动基本常识及安全教育意义 2. 技能方面：初步掌握滑轮基本站立方法、跌倒与站起动作 3. 德行方面：认真听讲，团结协作，培养学生坚强的品质

	内容	常规解决方法	特色解决方法
授课重点	基本站姿	认真听、反复练	讲解要领清晰明确
授课重点	轮上的平衡与稳定	学生练习时自我控制与教师提醒	适宜放松
注意事项	1. 首先注意安全 2. 认真听课，反复练习 3. 多动脑筋，创造性快乐学习		

阶段	授课及练习内容	组织与教法	过程目标	时间
开始部分	1. 体委整队，报告人数，师生问好 2. 点名考勤及教师自我介绍 3. 简介滑轮及两学期课程安排、安全教育、上课装备等要求 4. 介绍今天本课教学计划	× ××××××××× × ××××××××× ▲		××分钟
准备部分	1. 原地抬腿活动膝关节 2. 慢跑热身 3. 原地徒手操（五节） 膝关节触胸弓步压腿弓步俯撑转体双腿交叉体前屈燕式平衡 4. 原地陆地有针对性的专项素质练习（肩部、肘部、手腕部和髋部、膝部及脚踝关节力量和柔韧性练习）	1. 要求：主动练习 2. 绕场慢跑热身 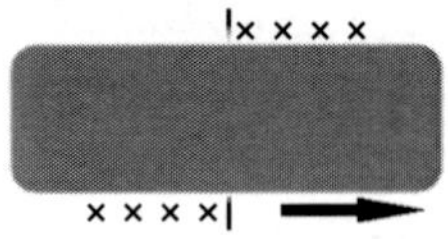 3.～4. 组织队形：四列横队 要求：明确任务，充分热身。 教法学法：教师带领学生做准备活动 ×××××××××× ×××××××××× ▲	1. 完成30～40次 2. 注意呼吸 3. 通过原地徒手操，提高肌肉兴奋性和关节活动范围，避免受伤 4. 通过专门性活动，进一步提高肌肉兴奋性和关节活动能力，进一步避免受伤	××分钟

续表

基本部分	1.滑轮运动简介和安全教育 滑轮项目是越野滑雪的夏季训练及比赛项目,其运动原理和越野滑雪基本一致,主要区别为越野滑雪是冬季雪上运动,滑轮是夏季公路运动。通过开展滑轮运动,可以帮助冰雪运动爱好者实现日常训练的目的,同时推动滑轮爱好者转变为冰雪运动爱好者 2.熟悉滑轮器械 滑轮的主要器材包括护具(头盔、护膝护肘、手套等)、手杖、滑轮 3.换上没轮进行基本站姿练习 (1)平行站立 核心收紧;手杖垂直高度同肩峰高度尖放于两脚外侧平行向前微倾斜,双手握住握柄,手臂呈自然下垂状态,略宽于肩 (2)“八”字形站立 目视前方,双脚呈八字站立,膝关节微屈、重心放于全脚;手杖垂直高度同耳垂位置,杖尖放于两脚外侧,平行向前微倾斜,双手握住握柄,手臂呈自然下垂状态,略宽于肩 4.跌倒与站起 (1)跌倒 滑行时难避免摔倒,遇到失去重心,无法控制平衡时,要避免向前后摔倒,尽量向侧后方摔倒,用前臂有护具地方接触地面,臀部着地,避免手掌撑地,造成腕关节损伤 (2)站起 初学时跌倒后站起,可先脱掉手杖,单手或双手撑地,双脚保持平行且与支撑手臂在一条直线上,借助地面力量呈半起身状态后,拿起双杖支撑站起,如无法站起,可先将滑轮脱掉,站起后重新穿戴,再次滑行	1.讲解滑轮运动原理、特点,以及安全教育必要性 2.教师讲解器械结构与特点并示范穿戴器械 组织: 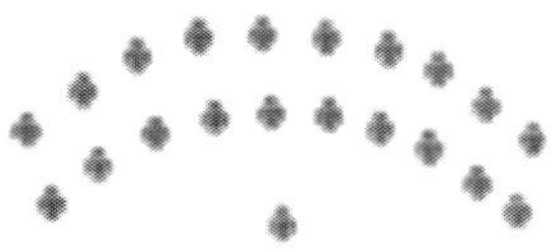 要求:学生认真听课并按准确的穿戴顺序与脱卸顺序进行器械的穿脱 第一步,首先分辨左右脚,根据自己的腿形调节小腿部的螺母,X形腿往里移动、O形腿往外移动再把螺母拧紧,正常的腿型不用调节放在中间就可以把黑色尺码调节带往前移动鞋号变小、往后移动鞋号变大、根据自己的滑行技术调节刹车的高度。 第二步,把三个巴扣全部打开,再把自己的脚放在滑轮上。先扣小腿的巴扣在扣第一个和中间的 3.基本站姿 教法:教师示范讲解强调要点 学生体操队形集体练习 教师注意观察指导 组织: ×××××××××× ×××××××××× ▲ 要求:学生在练习过程中注意平衡,保证安全的基础上完成动作要点	1.了解滑轮运动基本知识 2.能够正确地穿戴雪鞋、滑轮、手杖、头盔 3.能在滑轮上完成两种基本站姿,为之后学习专项技术动作做好准备 4.避免运动损伤的产生,能在跌倒情况下迅速站起	××分钟

续表

基本部分		要求：学生在练习过程中注意平衡，保证安全的基础上完成动作要点 4. 跌倒与站起 教法：教师示范练习，学生原地练习 组织： ×××××××××× ×××××××××× ▲		
		要求：练习过程中注意平衡，保证安全的基础上完成动作要点		
结束部分	1. 集体原地放松操 2. 课程小结，布置课下任务 3. 师生再见	组织： ×××××××××× ×××××××××× ▲	1. 身体各个关节尽量放松 2. 肯定成绩多鼓励；指出不足和改进方法	××分钟
备注				

高校滑轮课程教案 二维码

第1次课 第2次课 第3次课 第4次课

第5次课 第6次课 第7次课 第8次课 第9次课 第10次课

第11次课 第12次课 第13次课 第14次课 第15次课 第16次课

第1次课　第2次课　第3次课　第4次课

第5次课　第6次课　第7次课　第8次课　第9次课　第10次课

第11次课　第12次课　第13次课　第14次课　第15次课　第16次课

第五章 滑雪课程及其教学

滑雪课程及其教学部分，共包括三节内容。主要涉及滑雪运动概述、滑雪课程内容、滑雪课程学年、学期教学设计。

第一节 滑雪运动概述

一、滑雪运动简介

根据史料记载，滑雪起源于北欧的挪威。据考证，早在5000年前，在北欧、西伯利亚等地已有人滑雪。《新唐书》《山海经》中也有我国东北和西北等地区的少数民族借助雪上滑行从事狩猎和生产劳动的记载。2011年出版的《人类滑雪运动的起源地——中国·新疆·阿勒泰》科学成果一书论证了至少一万年前，阿勒泰的先民们就开始滑雪狩猎活动，阿勒泰地区是人类滑雪最早的起源地。

二、滑雪运动在中国的发展

我国的滑雪历史悠久，唐代李延寿在《北史》书中写道："气候严寒，雪深没马，地高积雪，惧陷坑阱，骑木而行"，意思是为了防止行走时脚陷入雪中，而人们脚下踩着木板走路。《新唐书》《山海经》中也有我国东北和西北等地区的少数民族借助雪上滑行从事狩猎和生产劳动的记载。20世纪初近代滑雪运动从俄国和日本传入到我国东北地区，当时在吉林、通化、牡丹江、阿城等地有一些学生和滑雪爱好者参加了滑雪运动。

1949年中华人民共和国成立后，党和国家重视滑雪运动的发展，我国的高山滑雪运动才真正开展起来。第一次全国比赛在1957年2月在吉林省通化市举行，参加比赛的单位有内蒙古、新疆、哈尔滨、牡丹江、佳木斯、长春、吉林、通化8个单位（地、市级）165名运动员。

1959年2月第1届全国运动会滑雪比赛在吉林市举行。有来自内蒙古、吉林、黑龙江、新疆、解放军5个单位（省级）的122名运动员参加。高山滑雪设有成年男女和少年男女四个组别的滑降和回转两个项目。为了提高我国滑雪运动的技术水平，培养教练员，国家体委在第一届全国运动会滑雪比赛期间，借助苏联滑雪队来华访问的时机，聘请他们为教师，组织了我国第一次滑雪训练班，参加这次训练班的有来自全国各省市的教练员和运动员近百名。通过训练班的学习，了解了现代滑雪运动的发展情况，学习了先进的滑雪技术，改变了过去高山滑雪和越野滑雪不分的状况，使我国的滑雪技术和器材有了一次重大的变革。但是，我国滑雪运动的发展没能持续下去。1960—1963年我国遇到自然灾害，特别是1966—1976年受"文化大革命"的影响，滑雪运动处于停顿状态。1976年2月第3届全国运动会滑雪比赛在黑龙江省尚志县举行，从此以后滑雪运动逐渐得到了恢复。

到20世纪70年代为止，我国的高山滑雪运动处在场地设施简陋、滑雪器材陈旧、技术水平落后的状态。

我国1958年退出国际奥委会后，1979年国际奥委会恢复了我国的合法席位。1979年11月国际滑雪联合会接纳我国为临时会员国，1981年5月16日正式恢复我国的会员国地位。1980年2月我国首次参加冬季奥运会，即美国普莱西德湖举行的第13届冬季奥运会，参加了速度滑冰、花样滑冰、越野滑雪、高山滑雪和冬季两项的18个单项比赛，由于我国首次参加，与世界先进水平差距较大。从第13届冬季奥运会以后，随着国际交往的增加，引进了先进的场地设施和滑雪器材及技术，使我国高山滑雪运动开始和国际接轨，进入了新的发展时期。

1981年我国最早的场地设施现代化的大型综合性滑雪场在黑龙江省亚布力建成。

1994年3月我国首次在亚布力滑雪场举办了国际比赛——第4届亚洲青少年高山滑雪比赛。1996年2月又在亚布力滑雪场举办了第3届亚洲冬季运动会滑雪比赛。

在1996年以前，涉足高山滑雪运动的仅仅是运动员和驻我国外国使馆、商社的滑雪爱好者。近年来我国的大众滑雪运动发展迅速，滑雪人数逐年猛增，场地建设如火如荼。《全国冰雪场地设施建设规划（2015—2022）》提出，到2022年，全国滑冰馆数量不少于650座，其中新建不少于500座；滑雪场数量达到800座、雪道面积达到10000万平方米、雪道长度达到3500千米，其中新建滑雪场不少于240座、雪道面积不少于7000万平方米，雪道长度不少于2500千米。《冰雪运动发展规划（2016—2025）》提出，到2025年，我国参加冰雪运动的人数超过5000万，并带动3亿人参与冰雪运动。

1997年中国滑雪协会认定的第一个大众滑雪场是河北省崇礼县的塞北滑雪场。

2002年我国第一座室内滑雪场在上海建成。上海银七星室内滑雪场的规模，整个雪道长380米，宽80米，最大落差42米，共分为三段坡道，坡度分别是12°、15°和17°。

发展冰雪运动，赛事活动是核心。2002年到2020年我国已连续举办了七届“全国大众冰雪季”系列赛事。承办单位由往届的5个省、市，扩大到10个省、市、自治区，达到了28站比赛。承办比赛的省、市、自治区有北京、上海、黑龙江、吉林、辽宁、河北、河南、湖北、四川、新疆。

三、滑雪运动的分类

从历史的角度，滑雪运动可以分为古代滑雪、近代滑雪和现代滑雪。古代滑雪仅限在行走和狩猎等日常生活和生产劳动的范围，后来逐渐发展到交通运输、通信和军事战争等广泛的领域。到了19世纪末，欧美各国开始组建滑雪俱乐部，近代滑雪运动逐渐开展起来。进入20世纪，随着战乱的平息、生活的安定、科学技术的发展、场地设施和器材的改进等多方面的因素，使现代滑雪运动得到了迅速的发展。现在的滑雪运动名目繁多、花样翻新、目不暇接。目前开展的滑雪运动大体上可分为实用滑雪、竞技滑雪、探险滑雪、大众滑雪四大类。

（一）实用滑雪

应用于日常生活、交通运输、通信和军事战争等领域里的滑雪运动叫实用滑雪。随着现代滑雪运动的兴起，现在实用滑雪逐渐被现代滑雪运动的竞技滑雪、大众滑雪和探险滑雪所取代。

（二）竞技滑雪

竞技滑雪是以竞赛为目的进行的运动。竞技滑雪要求运动员具备良好的身体条件和训练水平，经过长期的系统训练，争取在比赛中取得优异的成绩。

19世纪末到今天100多年来，竞技滑雪运动得到了飞速的发展。1924年国际滑雪联合会（FIS）成立，在当年举行的冬季奥运会中，滑雪项目仅有越野滑雪和跳台滑雪两个项目，现在冬季奥运会的滑雪项目，已经发展到八大项50多个单项。

（三）探险滑雪

为了超越自我、征服大自然、寻求刺激的探险滑雪，如极地滑雪、高原高山滑雪等，近年来探险滑雪已经逐步演变成为各种运动的竞赛项目。

1.国际登山联合会的“登山滑雪”

登山滑雪是越野滑雪、高山滑雪、极限滑雪和攀登雪山技术综合的冬季户外运动，有垂直攀登、个人、团体和团体接力等竞赛项目。竞赛有欧洲杯个人赛、世界杯个人赛、欧洲杯团体赛、世界杯团体赛、世界锦标赛、国际公开赛等。

登山滑雪竞赛一般在海拔4000米以下、高度差在600～2000米的自然雪山上进行。登山滑雪的专用装备除了滑雪器材以外，还有雪崩示踪器、雪铲、不少于20公斤的背包等。

2.国际定向运动联合会的“定向滑雪”

定向滑雪是从定向越野演变而来的运动项目，已经是国际定联的正式比赛项目之一，有个人、团体和接力比赛项目。

定向滑雪在东欧国家十分流行，许多世界优秀高山滑雪、越野滑雪和冬季两项的运动员又是定向滑雪的高手。

3.世界极限运动会（X Games）

世界极限运动会分为夏季和冬季两个运动会，目前已经发展形成世界赛事，成为世界上受欢迎的运动盛会之一。极限冬季运动会滑雪项目有单板和双板的花样滑雪（Freeskiing）、空中滑雪（Big Air Snowboarding）、极限滑雪（Snowcross）等。其中曾经属于极限运动领域的单板滑雪的U型场地技巧和争先赛，已经列入冬季奥运会项目。

（四）大众滑雪

以健身和娱乐为目的进行的群众性滑雪运动，主要有高山滑雪、越野滑雪、单板滑雪等。大众滑雪在欧洲和北美洲开展得早，已经有上百年的历史，滑雪运动非常普及，其中位于欧洲阿尔卑斯山脉地区的法国，每年冬季滑雪的人数达700多万。在亚洲日本和韩国开展得比较早，其中日本在20世纪末的最鼎盛时期，滑雪人数曾经达到过1700万～1800万。其他国家到了20世纪的后期才逐步开展起来。目前我国的大众滑雪正处在迅速发展的阶段。我们这里着重介绍高山滑雪内容。

四、高山滑雪基本知识

（一）高山滑雪运动的特点

高山滑雪运动和登山、滑翔、冲浪等运动一样，是借助自然界的条件进行的体育运动。高山滑雪运动的特点归纳起来，主要有如下几点。

一是大自然中的运动。高山滑雪运动远离城市的喧闹和污染，置身于高山峻岭的林海雪原中，可以消除工作和生活中的劳累和烦恼，有利于身心健康。

二是季节性运动。高山滑雪是季节性的体育运动，冬天受寒冷天气的影响，减少室外活动的时候，高山滑雪是可以提高健康水平的冬季体育运动。

三是大众性运动。高山滑雪是利用滑雪器材，在山上向山下滑行的运动，既省力又有趣，不分年龄、性别、体质，男女老幼均可以参与的大众体育运动。

四是挑战性运动。高山滑雪起伏和曲折线路，使滑行在快速多变的条件下进行，有惊险、有刺激，富有挑战性。

（二）高山滑雪场地设施

1.高山滑雪场

为了延长滑雪期和增加存雪量，选择山坡的阴面修建高山滑雪场。我国属于大陆性气候，冬季受西伯利亚寒流影响西北风较大，为了避风，我国滑雪场一般修建在北坡和东北坡。

有规模的高山滑雪场线路较多，一般有几条或几十条线路。

大众滑雪场，根据线路的坡度和长度等难度分为初级、中级、高级滑雪道。

竞技滑雪场，根据比赛项目分为回转、大回转、超大回转、滑降、平行赛场地。

2.索道

索道是从山下到山上运送滑雪者的机械装置，是滑雪场为方便滑雪者滑雪而装备的必备设施。索道有拖牵式索道、吊椅式1～4人座的索道、吊厢式数人至数十人座的索道等。其中吊椅式索道是最普遍的一种。应注意乘坐吊椅式索道的程序和要求，保证安全。

3.造雪机

造雪机是把水高压喷射雾化后，在外界冷空气的作用下变成雪的人工造雪机器。冬天积雪期短的地方或下雪少的时候，利用造雪机可以保证或延长滑雪期。

4.压雪车

压雪车是修整滑雪场地的专用车，压好的平坦雪道，可以保证滑雪者舒适地滑雪和滑雪安全。

5.安全设施

为了及时救助意外受伤者，滑雪场要安排安全巡逻员和运送伤员的设备（雪橇等）。为了防止事故的发生，在容易发生事故的危险地段，设置安全标志和安全网，提醒滑雪者注意。

第二节　滑雪课程内容

本课程教学内容选择依据运动技术动作形成的泛化、分化、自动化的规律，构建了高山滑雪（双板）平地滑行、登坡、犁式滑降与制动、犁式转弯、平行式转弯完整技术和技能；以随堂讲解和课后作业的形式构建相对完整的高山滑雪（双板）的理论知识体系。以身体锻炼和知识讲解相结合的形式，以整体规划和课堂规划相对应的模式，以动作学习和素质提升相统一的形式进行课程教学。具体采用集体练习、分组练习和个人练习相结合、示范讲解和体验尝试相结合、过程评价与结果评价相结合等教学方法。

选择高山滑雪的基本技术、基本滑行技术和基本转弯技术为教学内容，使学生学习后能够熟练掌握完整的高山滑雪（双板）的滑行技术动作，整体动作规范、连贯、标准、优美，能从高级雪道顺利滑下，并可以自如避让、停止，从中体会滑雪的乐趣。

一、双板初级滑雪运动基本知识

（一）滑雪运动基本知识及安全常识

1.基本知识：雪板与雪鞋、雪服、头盔、雪镜、雪杖的使用与穿戴、功能的介绍

（1）滑雪板（图5-1）。

竞技高山滑雪板系列有回转板、大回转板、超大回转板、滑降板；大众滑雪板系列分为初学者板、中级板、高级板；按性别或年龄分类有女士板或儿童板等。

高山滑雪板由前部、中部（腰部）、后部组成。高山滑雪板两头宽中间窄的形状，卡宾滑雪板比其他板明显，这就是卡宾板转弯容易的原因。

一般情况下高山滑雪板的长度，成年人低于自己身高10厘米，儿童低于自己身高

5～10厘米，滑雪水平高者低于自己身高5厘米或一样。

挑选滑雪板的时候，必须考虑到自己的身高、体重、年龄、实力等方面的情况，使滑雪板在长度、重量、弹性等方面与自身的情况相符。滑雪的经历和滑雪技术的提高，滑雪板的长度、重量和弹性也要相应增加或变化。

图5-1-a

图5-1-b

图5-1-c

（2）滑雪固定器（图5-2，视频5-1）。

图5-2　　视频5-1

高山滑雪固定器是连接滑雪鞋和滑雪板的装置。固定器的作用首先是滑雪鞋固定在滑雪板上，其次是摔倒时滑雪板自动脱落避免受伤。固定器由前、中、后三个部分组成，前部横向外力过大时（侧摔）自动脱开；后部纵向外力过大时（前摔）自动脱开；中部的垫板作用是减少滑雪板立刃时雪鞋对雪面的摩擦，提高转弯的速度和效果。固定器还有止滑器，防止滑雪板脱落后滑下山坡。固定器强度的选择见表5-1。

表5-1　固定器强度的选择

体重（kg）	20～29	30～39	40～49	50～59	60～69	70～79	80～89	90～99	100～109
初学者	1.5	2	2.5	3	4	4.5	5	5.5	6

续表

体重（kg）	20～29	30～39	40～49	50～59	60～69	70～79	80～89	90～99	100～109
中级	2	2.5	3	3.5	4.5	5	5.5	6	6.5
高级运动员	2.5	3	3.5	4	5	5.5	6	6.5	7

（3）滑雪鞋。

高山滑雪鞋对脚和踝关节有固定、保护、保暖等作用。高山滑雪鞋由内外两层组成，外层从鞋面到鞋底是铸造得很坚固，上面有调整松紧和前倾角度的若干个卡子，内层由化纤织物等松软的保暖材料组成的内靴，对脚部有保暖、缓冲作用。

挑选滑雪鞋时穿鞋后最好先走一走或做其他活动，确认一下舒适程度。穿鞋后脚在鞋里松紧适度，脚趾约有5毫米的活动空间。

（4）滑雪杖（图5-3）。

图5-3

滑雪杖的杆部分由轻铝合金材料制成，上段有“握柄”和“握革带”便于握杖和防止脱手，下段“杖尖”和“雪轮”的作用分别是插入雪面和防止插进雪里太深。

滑雪杖的长度一般比自己的身高低45～50厘米，其长度大约是人站立后臂自然弯曲呈90°时前臂的高度（表5-2）。

表5-2 滑雪杖的选择

身高（cm）	125～130	130～140	140～145	145～150	150～160	160～170	170～180	180～185	185～190
雪杖长度（cm）	90～95	95～100	100～105	105～110	110～115	115～120	120～125	125～130	135～140

（5）滑雪服、帽子、手套（图5-4）。

滑雪服一般分为竞技滑雪服和大众滑雪服。滑雪服装有保暖、防风、防水、吸汗、耐磨等多种功能。其中大众滑雪服主要以舒适、美观、实用性为主；竞技滑雪服根据不同项目设计，以轻便、安全、减少空气阻力为主，更注重比赛成绩的提高。

滑雪帽主要作用是头部的保温作用，避免耳部冻伤和预防感冒。根据气温的冷暖变化情况，选择厚或薄的滑雪帽。

专用滑雪手套有保暖、防水、保护手的功能。如比赛和训练中通过旗门或摔倒，防止手部碰到旗杆或雪板而受伤。一般手套保温性能较好，防水和碰撞功能差。

图 5-4-a

图 5-4-b

（6）滑雪镜（图5-5，视频5-2、视频5-3）。

图 5-5

视频 5-2

视频 5-3

滑雪镜也叫风镜。现在的滑雪镜由过去的单层发展为双层，不仅可以防风和防止阳光照射对眼睛的伤害，还可以防霜，具有安全、舒适、视野清晰等特点。近视镜等戴眼镜的滑雪者，可以选择专用的滑雪镜。穿戴学具方法见视频5-2、视频5-3。

2. 安全常识：国际雪联的安全滑行10条

（1）尊重原则：无论双板还是单板滑雪者，都应该遵循以下行为准则，即绝不做出会损伤或致使他人受伤的行为。

（2）自控原则：无论双板还是单板滑雪者，都应当让自己的滑行处于可控范围之内。其滑行速度和方式应当和其个人滑雪水平相符，并且应根据地势、雪质、天气和雪场人口密度来选择以何种方式滑行。

（3）选择安全线路原则：后方滑雪者务必要选择不危及前方滑雪者的线路滑行。（前方滑雪者有雪道使用的优先权）。

（4）超车原则：从后方或侧方超越其他滑雪者时，请保持足够距离。

（5）进入雪道、启动、爬坡原则：当滑雪中途稍作休息重新开始，或者向坡上攀爬时，务必保证不危及自己及其他人的安全。

（6）停止地点原则：除非必需，滑雪者应避免停留在雪道中间、赛道、狭窄的雪道、视线易受阻的地方，若经过上述地点，请尽快通过。

（7）两侧行走原则：如需在雪道上行走时，请务必在雪道两侧。

（8）注意警示标识原则：请滑雪者务必对信号牌、指示牌和指示物保持足够的重视。

（9）协助原则：一旦遇见事故，每个滑雪者都有义务去帮助受伤的人。

（10）事故确定身份原则：事故后的滑雪者或者目击者，无论是否有相关责任，都应该彼此留下联系方式。另外，自我保护措施要做好，要将护具佩戴好，护具包括头盔、雪镜、护腕、护膝、护臀等。

（二）学习滑雪运动陆地基本技术动作

1. 专项准备活动（视频5-4～视频5-15）

视频5-4　视频5-5　视频5-6　视频5-7　视频5-8　视频5-9　视频5-10

视频5-11　视频5-12　视频5-13　视频5-14　视频5-15

以下为几项滑雪前的专项准备活动。

2. 穿雪鞋的陆地模仿（视频5-16～视频5-22）

视频5-16　视频5-17　视频5-18　视频5-19　视频5-20　视频5-21　视频5-22

走路，交换抬单脚，脚尖固定脚跟外旋（单脚，双脚），双脚平行左右跨步，双脚“V”字形往坡上直走，双脚平行往坡上横走。

3. 单雪板的陆地技术

抬单板，雪板抬起，髋内旋；单雪板外推，单雪板横走，单雪板直线向前推滑。具体动作见视频5-23～视频5-27。

视频5-23　视频5-24　视频5-25　视频5-26　视频5-27

二、基本技术

（一）滑行基本姿势（图5-6）

身体放松，双板均衡体重；两腿与髋同宽， 膝关节微屈，双臂前伸呈环抱状，两雪杖呈八字形，杖尖位于雪鞋两侧；目视前方，上体稍向前倾，两脚掌自然承重维持身体平衡。

注：滑行时姿势可分为高、中、低三种，基本姿势属于高站姿，适用于技术的学习阶段。根据练习内容、雪道难度和滑行速度等具体情况，可采用不同的滑行姿势。

图5-6-a

图5-6-b

（二）安全摔倒及站起

1.摔倒（图5-7，视频5-28）

图5-7-a

图5-7-b

图5-7-c

视频5-28

当身体失控即将摔倒时，如有可能，减慢速度。

逐步降低身体重心，蜷缩身体，侧摔。

先侧坐、再侧躺的顺序完成摔倒。

2.站起

（1）撑地站起（图5-8，视频5-29）：调整雪板与滚落线垂直，充分利用板刃刻住雪面形成支撑点，通过手和雪仗的辅助作用，身体协调配合站起。

图5-8-a

图5-8-b

视频5-29

（2）八字站起（图5-9）：使头朝山上雪板朝向山下趴在雪面呈俯卧状态，两雪板呈外八字形雪板内刃刻住雪面，双手撑地交替向后推起上体直到完全站起。

图5-9-a

图5-9-b

图5-9-c

图5-9-d

如果穿板站起比较困难，可以先打开固定器脱掉雪板再站起。打开固定器时用手掌根向下压固定器的后端直到固定器打开，分别脱下两只雪板后慢慢站起。

注：准备起身前，先观察雪道上方是否安全后再站起（视频5-30～视频5-32）。

视频5-30　视频5-31　视频5-32

（三）原地转向（原地踏步转向、360°转向）

1.板头固定板尾移动的转向（视频5-33～视频5-35）

原地站立，板头保持不动，重心右移左板板尾打开向外侧移动时重心跟上，重复向相同方向移动，反复多次完成原地踏步转向。

视频5-33　视频5-34　视频5-35

2.板尾固定板头移动的转向

原地站立，板尾保持不动，重心右移右板头打开向外侧移动，重心右移左板跟进收拢至双板平行，重复动作向相同的方向转动，反复多次完成原地踏步转向。

3.原地180°转向

雪杖支撑身体两侧，右板承重，左板向前方踢起直立，右雪杖撑地作伴以左板尾为轴向左后转动180°，落地并负重，右板抬起离地随之转动180°，收回到与左板平行对齐。

三、基本滑行技术

（一）平地滑行（交替滑行、同时推进、蹬冰式滑行）

1.交替滑行（图5-10，视频5-36）

图5-10-a

图5-10-b

图5-10-c

视频5-36

右腿带动雪板向前滑动，左杖摆动；

左杖插入雪面向后撑动，同时左腿带动雪板向前滑动右杖前摆；

右杖插入雪面向后撑动，同时右腿带动雪板向前滑动左杖前摆；依次完成交替滑行。

2.同时推进（图5-11，视频5-37）

图5-11-a

图5-11-b

图5-11-c

视频5-37

双杖前摆同时身体重心向前移动；

双杖在固定器的前端插入雪面，降低身体重心上体下压雪杖，双臂向后用力撑动；动作结束后上体自然抬起呈滑行基本姿势，准备下一次。

3.蹬冰式滑行（图5-12，视频5-38）

图 5-12-a　　图 5-12-b　　图 5-12-c　　视频5-38

双板平行，左板用内刃刻住雪面，左腿向侧蹬出，同时双臂在身体两侧向后撑杖，右腿支撑向前滑行。

滑行一段；蹬动腿迅速向支撑腿收回并靠拢，双板平行滑行。

交换重心；准备右腿蹬动，进入动作相同方向相反的下一个动作周期。

（二）登坡技术（交替登坡、八字登坡、横登坡）

1.八字登坡（图5-13，视频5-39）

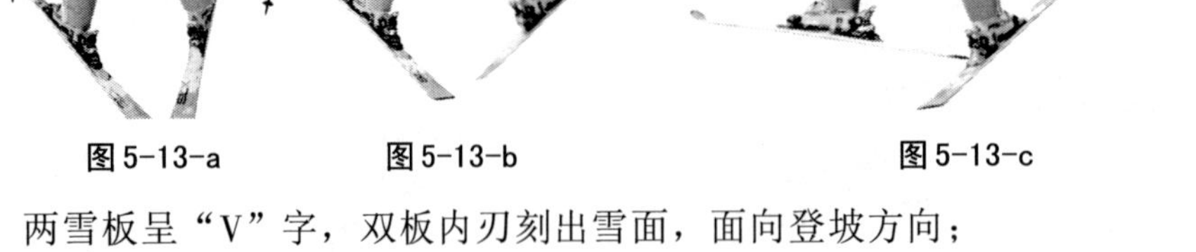

图5-13-a　　图5-13-b　　图5-13-c　　视频5-39

两雪板呈“V”字，双板内刃刻出雪面，面向登坡方向；

左板承重，右板向斜前方跨出；

右板落地并承重，抬起左板向斜前方跨出，反复进行登坡。

2.横登坡（图5-14，视频5-40）

图5-14-a

图5-14-b

图5-14-c

图5-14-d

视频5-40

双板与滚落线呈90°，在坡面上侧身站立；

用山下板内刃刻住雪面单腿支撑，抬起山上板向登坡方向跨出；

山上板落于雪面并用力刻住雪面，重复之前的动作持续向上登坡。

（三）滑降技术（直滑降、犁式直滑降、犁式斜滑降、犁式转左J弯，犁式转右J弯，平行式斜滑降，横滑降）

1.直滑降（图5-15，视频5-41、视频5-42）

直滑降是从山坡上自上而下的直线滑行，是最基础的滑降技术。

练习场地：初级道（小于6°稍缓的小坡）。

双板平行，板间距15～20厘米，上体稍前倾，收腹、含胸，髋、膝、踝关节稍屈，两手腹前，肘部稍屈，肩部放松，两雪杖自然地放在体侧，杖尖斜朝后下方，目视滑行方向。

图5-15

视频5-41　视频5-42

2.犁式直滑降（图5-16，视频5-43～视频5-45）

图5-16

视频5-43　视频5-44　视频5-45

犁式直滑降是最重要的滑雪基础动作，它是八字形的下坡滑行技术。

练习场地：初级道。

上体放松，两臂向前分开呈环抱状目视前方；

双膝微屈立板刃，双板呈前窄后宽的八字形并均匀承重；

两板尖保持一拳左右的距离，板尾宽度的大小与控制速度的快慢有关；

随着滑降速度的增加，逐渐增大板尾的宽度，加大立刃的距离，用板刃刻住雪面向外推雪以达到控制速度的目的。

3.斜滑降（图5-17，视频5-46、视频5-47）

斜滑降是与滚落线成一定角度的自上而下的滑降。

练习场地：初级道。

4.犁式斜滑降（图5-18）

图5-17

视频5-46 视频5-47

图5-18

犁式斜滑降是用犁式滑降的方式与滚落线呈一定角度的自上而下的滑降。

双板朝向与滚落线呈一定夹角；

身体朝向斜滑降的方向呈滑行基本姿势；

双板呈犁式板型向前滑行。

5.横滑降（图5-19，视频5-48）

横滑降是沿滚落线的方向横板的下坡滑行。

练习场地：初级道。

两板平行靠近，山上板也可稍在前；

身体侧对滚落线方向，与斜滑降比较，上体有更大的向山下扭转的感觉；

双雪板山上侧立刃刻住雪面，通过调整雪板立刃角的大小来增减下滑的速度；

加大立刃时减速，放平雪板时速度增快；

双腿微屈，上体打开，面向山下看。

图5-19

视频5-48

（四）制动技术（犁式制动、平行式制动）

1.犁式制动（图5-20，视频5-49）

犁式制动是据坡面的情况，利用犁式滑降的板尾分开的宽度、立刃和用刃的强弱达到制动的技术。

练习场地：初级道。

保持犁式滑降姿势，逐渐降低身体重心推开板尾；

增加两腿用力向外推雪的力完全停止。

图5-20

视频5-49

2.平行式制动（图5-21，视频5-50、视频5-51）

图5-21-a

图5-21-b

图5-21-c

图5-21-d

平行式制动是利用双板平行向外侧退出，以增加雪板迎面角度来增加阻力，从而达到制动的目的。

视频5-50　视频5-51

练习场地：初、中级道。

腿部旋转控制双板的尾部向山上侧退出，逐渐加大双板与滚落线的角度，使之趋近于直角；

身体适度屈曲，身体重心向山上侧适度倾斜；

根据滑行速度调整山上板外刃和山下板内刃的立刃角度和用刃强度，维持身体的横向平衡，逐渐制动停止。

四、滑雪转弯技术

（一）犁式转弯（图5-22，视频5-52～视频5-55）

犁式转弯是高山滑雪中最基础的转弯技术。

练习场地：初级道。

开始阶段：保持基本滑行姿势犁式斜滑降，向上移动身体重心，为转弯的控制阶段做好准备。

控制阶段：向转弯内侧横向移动重心，转弯外侧板承重，内侧板减压；控制转弯外侧板向转弯方向旋转，内侧腿放松控制内侧板跟随外侧板同步旋转，在板刃控制与腿部旋转的共同作用下转弯。

结束阶段：保持犁式板形，调整身体姿态，为下一次转弯做准备。

注：最初学习犁式转弯技术，先练习犁式J形转弯、犁式C形转弯（单手或双手触膝犁式转弯）。

图5-22-a

图5-22-b

图5-22-c

图5-22-d

视频5-52　视频5-53　视频5-54　视频5-55

犁式转弯辅助动作练习（视频5-56～视频5-60）：

视频5-56　视频5-57　视频5-58　视频5-59　视频5-60

（二）半犁式转弯（图5-23）

图5-23-a

图5-23-b

图5-23-c

图5-23-d

图5-23-e

图5-23-f

半犁式转弯以犁式板形开始，在转弯过程中通过主动、准确的身体横向运动向转弯外侧雪板施压，内侧板积极地旋转，加快转弯内侧板收回速度，将雪板变为平行雪板。

练习场地：初中级道。

开始阶段：保持基本滑行姿势推开板尾进入犁式斜滑降；向上移动身体重心准备进入下一阶段。

控制阶段：向转弯内侧横向移动身体重心，外侧板承重增加，内侧板减压；外侧腿控制雪板进行旋转，内侧腿放松控制内侧板跟随外侧板向转弯方向旋转，在板刃控制与腿部旋转的共同作用下转弯；控制阶段后期，加大雪板的用刃强度，并适当控制身体平衡。

结束阶段：内侧板积极向外侧板靠拢，直到两板平行，调整身体姿态准备进入下一个转弯。

（三）平行式转弯（图5-24，视频5-61～视频5-63）

图5-24-a

图5-24-b

图5-24-c

视频5-61　视频5-62　视频5-63

在转弯过程中始终保持平行状态，利用滑雪者身体重心的横向移动和雪板旋转完成转弯。

练习场地：中级道。

开始阶段：保持基本滑行姿势平行斜滑降，向上移动身体重心，完成立刃转换，准备进入下一个阶段。

控制阶段：保持双板平行状态，向转弯内侧横向移动重心，逐渐屈曲内侧腿，增加外侧板承重，形成合理的反弓姿势；下肢控制雪板向转弯方向旋转，形成转弯。控制阶段后期加强雪板的用刃强度，并适当控制身体平衡。

结束阶段：平行斜滑降，调整身体状态，准备进入下一个转弯。

五、平行式进阶动作

掌握了平行式转弯后，两学期的教学内容已经完成。下面的进阶动作是针对还想继续学习提高的同学，为了下一步掌握大回转、小回转等更难的动作奠定基础（视频5-64～视频5-74）。

视频5-64 视频5-65 视频5-66 视频5-67 视频5-68 视频5-69

视频5-70 视频5-71 视频5-72 视频5-73 视频5-74

第三节 滑雪课程学年、学期教学设计

一、课程说明

课程性质为必修课，课程学习一年或两学期；利用体育课，开展滑雪知识、技术、技能的学习，培养学生的运动兴趣、增强体育文化修养，提高学生的运动能力，丰富学生的大学生活。

二、课程简介

本课程教学内容选择依据运动技术动作形成的泛化、分化、自动化的规律，构建了高山滑雪（双板）平地滑行、登坡、犁式滑降与制动、犁式转弯、平行式转弯完整技术和技能；以随堂讲解和课后作业的形式构建相对完整的高山滑雪（双板）的理论知识体系。以身体锻炼和知识讲解相结合的形式，以整体规划和课堂规划相对应的模式，以动作学习和素质提升相统一的形式进行课程教学。具体采用集体练习、分组练习和个人练习相结合，示范讲解和体验尝试相结合，过程评价与结果评价相结合的教学方法。使学生能够熟练掌握完整的高山滑雪（双板）的滑行技术动作，能够规范、连贯、标准、优美地从中级雪道顺利滑下，并可以根据实际情况自如避让、停止。

三、课程目标

滑雪教学基本目标是根据大多数学生的基本要求而确定的，分为五个领域目标。

（一）运动参与目标

积极参与各种体育活动并基本形成自觉锻炼的习惯，基本形成终身体育的意识，能够编制可行的个人锻炼计划，具有一定的体育文化欣赏能力。

（二）运动技能目标

熟练掌握平地、弯道、上坡和下坡的基本滑行技术；掌握在失去平衡状态时正确的自我保护方法。

（三）身体健康目标

掌握有效提高身体素质、全面发展体能的知识与方法；养成良好的行为习惯，形成健康的生活方式；能有效提高练习者平衡、灵敏、力量等运动能力，具有健康的体魄。

（四）心理健康目标

通过经常自觉体育活动改善心理状态、克服心理障碍，养成积极乐观、不畏艰险的生活态度；运用适宜的方法调节自己的情绪；在运动中体验运动的乐趣和成功的感觉。

（五）社会适应目标

表现出良好的规则意识和团队精神；正确处理竞争与合作的关系。

四、教学内容及学时分配

1.第一学期教学内容16学时

课程序号	具体内容	学时	课程类型
一	滑雪运动简介	1	理论新授课
二	双板初级滑雪运动基本知识介绍、陆地辅助技术动作教学、基础滑行、转弯、制动技术及安全教育	2	实践新授课
三	巩固提高同时推进、原地转弯和犁式制动技术课	1	复习比赛课
四	左右交替、蹬冰式滑行技术教学	2	实践新授课
五	巩固平地滑行技术	1	复习比赛课
六	八字蹬坡、横蹬坡技术教学	2	实践新授课
七	巩固蹬坡技术	1	复习比赛课
八	犁式滑降技术教学	2	实践新授课
九	巩固滑降技术	1	复习比赛课
十	平地滑行、蹬坡、滑降、原地转弯、犁式制动综合复习	1	综合复习比赛课
十一	模拟考试及考试	2	复习考核

2.第二学期教学内容15学时

课程序号	具体内容	学时	课程类型
一	滑雪比赛规则介绍	1	理论新授课
二	综合第一学期所学技术动作复习课	1	复习课
三	犁式、半犁式转弯技术教学	2	实践新授课
四	巩固犁式、半犁式转弯技术	1	复习比赛课
五	横滑降、平行转弯、平行制动技术教学	3	实践新授课
六	巩固横滑降、平行转弯、平行制动技术	1	复习比赛课
七	连续转弯技术教学	3	实践新授课
八	高级练习介绍课	1	实践新授课
九	模拟考试及考试	2	复习考核

五、考核与评价方案

（一）考核内容评价比例

运动参与目标、身体健康目标、心理健康目标和社会适应目标主要通过出勤率、见习率、新动作学习的积极程度、分组比赛参与情况、小组讨论参与情况和作业完成情况来反映。运动技能目标主要通过期末技术考核分数来反映。

总成绩=出勤率分数（占比20%）+见习分数（占比8%）+新动作学习分数（占比8%）+分组比赛参与分数（占比8%）+小组讨论分数（占比8%）+作业完成分数（占比8%）+期末技术考核分数（占比40%）。

理论课内容作为了解内容不在考试范围之内。

满分为100分，60分及格，低于60分需重修。各部分所占比重具体如下。

课程教学目标	考核内容	评价依据
3.1～3.4	本部分占比为总成绩的60%。主要体现运动参与和学习态度在技能学习过程中的重要性 1.出勤率（20分） 2.见习率（8分） 3.新动作学习的积极程度（8分） 4.分组比赛参与情况（8分） 5.小组讨论参与情况（8分） 6.作业完成情况（8分）	1.出勤率、见习率是运动参与目标的基本保证 2.作业完成情况主要反映课后运动参与情况 3.新动作学习的积极程度主要反映学生的不畏艰险的意志品质 4.分组比赛参与情况、小组讨论参与情况主要反映学生的身心健康状况和社会适应状况

续表

3.5	本部分占比为总成绩的40% 1.第一学期考核内容 （1）雪服、雪具的正确穿戴（5分） （2）同时推进接左右交替接蹬冰式滑行（5分） （3）八字蹬坡速度（5分） （4）横蹬坡速度（5分） （5）直滑降接犁式滑降动作规范性（10分） （6）犁式斜滑降接犁式制动动作规范性（10分） 2.第二学期考核内容 （1）小间距迅速连续平行转弯（10分） （2）小间距匀速连续半犁式转弯（10分） （3）小间距匀速连续犁式转弯（10分） （4）中等间距迅速连续平行转弯（8分） （5）中等间匀速连续半犁式转弯（8分） （6）中等间距匀速连续犁式转弯（8分） （7）大间距迅速连续平行转弯（6分） （8）大间距匀速连续半犁式转弯（6分） （9）大间距匀速连续犁式转弯（6分） （10）直滑降犁式制动距离（1分、2分、3分） （11）直滑降平行制动距离（1分、3分、5分） （12）八字蹬坡速度（5分）	1.犁式转弯、半犁式转弯和平行式转弯技术存在一定的技术演进顺序。反映了学生控制身体重心维持平衡状态的能力 2.连续迅速转弯体现了学生的灵敏素质、力量素质和平衡能力 3.制动距离反映了制动技术的掌握程度 4.八字蹬坡速度反映了学生的体能状况 5.考核内容分为必考项和选考项（12）为必考项，其余为选考项 6.选考项目选择方法：（1）、（4）、（7）项中必选一项；（2）、（5）、（8）项中必选一项；（3）、（6）、（9）项中必选一项；（10）、（11）项中必选一项

（二）考核标准细则与方法

第一学期考核内容均为必考项。

1.学生学习态度的考核内容

（1）出勤方面：满勤20分。请假缺课1次扣4分，缺课3次重修；旷课1次扣8分，2次旷课不评价成绩，重修。

（2）见习率：满分8分。见习1次不扣分，从第2次见习开始每见习1次扣1分，见习4次及以上重修。

（3）新动作学习程度：满分8分。积极主动认真专注并有较大进步8分、一般4分、很差2分。

（4）分组比赛参与情况：满分8分，一般4分，很差2分。

（5）小组讨论参与情况：满分8分。一般4分，很差2分。

（6）作业完成情况：满分8分。保质保量完成作业8分、一般4分、很差2分。

2.学生运动技能考核内容。

（1）第一学期（满分40分）。

雪服、雪具的正确穿戴（5分）；

同时推进接左右交替接蹬冰式滑行（5分）；

八字蹬坡速度（5分）；

横蹬坡速度（5分）；

直滑降接犁式滑降动作规范性（10分）；

犁式斜滑降接犁式制动动作规范性（10分）。

（2）第二学期（满分40分）。

第二学期考核内容分为必考项目和选考项目，学生学习态度的考核内容为必考内容。

动作技能选考项目选择方法：①、④、⑦项中必选一项；②、⑤、⑧项中必选一项；③、⑥、⑨项中必选一项；⑩、⑪项中必选一项。

①小间距迅速连续平行转弯（10分）。

②小间距匀速连续半犁式转弯（10分）。

③小间距匀速连续犁式转弯（10分）。

④中等间距迅速连续平行转弯（8分）。

⑤中等间匀速连续半犁式转弯（8分）。

⑥中等间距匀速连续犁式转弯（8分）。

⑦大间距迅速连续平行转弯（6分）。

⑧大间距匀速连续半犁式转弯（6分）。

⑨大间距匀速连续犁式转弯（6分）。

⑩直滑降犁式制动距离（分1、2分、3分）。

⑪直滑降平行制动距离（1分、3分、5分）。

⑫八字蹬坡速度（5分）。

高山滑雪（理论课）教案

授课班级：　　日期：　　年　月　日　授课教师：　　课时：第1次　课型：新授课

课题	滑雪运动基本知识
教学目标	了解滑雪运动的起源、分类和场地器械基本知识
教学内容	滑雪运动的起源 滑雪运动的分类 高山滑雪基本知识
教学重点	重点：滑雪运动的历史起源 滑雪运动的类型 滑雪运动的器械常识 难点：无
场地及教具	教室：手套、滑雪服、头盔、雪鞋、雪板、雪杖
教学过程	内容安排与步骤

续表

一、导入部分	一、滑雪运动简介 根据史料记载，滑雪起源于北欧的挪威。据考证，早在5000年前，在北欧、西伯利亚等地已有人滑雪。《新唐书》《山海经》中也有我国东北和西北等地区的少数民族借助（雪上滑行从事狩猎和生产劳动）的记载。2011年出版的《人类滑雪运动的起源地——中国·新疆·阿勒泰》科学成果一书论证了至少一万年前，阿勒泰的先民们就开始滑雪狩猎活动，阿勒泰地区是人类滑雪最早的起源地。 二、滑雪运动在中国的发展 我国的滑雪历史悠久，唐代李延寿在《北史》书中写道："气候严寒，雪深没马，地高积雪，惧陷坑阱，骑木而行"，意思是为了防止行走时脚陷入雪中，而人们脚下踩着木板走路。《新唐书》《山海经》中也有我国东北和西北等地区的少数民族借助雪上滑行从事狩猎和生产劳动的记载。20世纪初近代滑雪运动从俄国和日本传入到我国东北地区，当时在吉林、通化、牡丹江、阿城等地有一些学生和滑雪爱好者参加了滑雪运动。 1949年中华人民共和国成立后，党和国家重视滑雪运动的发展，我国的高山滑雪运动才真正开展起来。第1次全国比赛在1957年2月在吉林省通化市举行，参加比赛的单位有内蒙古、新疆、哈尔滨、牡丹江、佳木斯、长春、吉林、通化8个单位（地、市级）165名运动员。 1959年2月第一届全国运动会滑雪比赛在吉林市举行。有来自内蒙古、吉林、黑龙江、新疆、解放军5个单位（省级）的122名运动员参加。高山滑雪设有成年男女和少年男女四个组别的滑降和回转两个项目。为了提高我国滑雪运动的技术水平，培养教练员，国家体委在第1届全国运动会滑雪比赛期间，借助苏联滑雪队来华访问的时机，聘请他们为教师，组织了我国第一次滑雪训练班，参加这次训练班的有来自全国各省市的教练员和运动员近百名。通过训练班的学习，了解了现代滑雪运动的发展情况，学习了先进的滑雪技术，改变了过去高山滑雪和越野滑雪不分的状况，使我国的滑雪技术和器材有了一次重大的变革。但是，我国滑雪运动的发展没能持续下去。1960—1963年我国遇到自然灾害，特别是1966—1976年受"文化大革命"的影响，滑雪运动处于停顿状态。1976年2月第3届全国运动会滑雪比赛在黑龙江省尚志县举行，从此以后滑雪运动逐渐得到了恢复。 世纪70年代为止，我国的高山滑雪运动处在场地设施简陋、滑雪器材陈旧、技术水平落后的状态。 我国1958年退出国际奥委会后，1979年国际奥委会恢复了我国的合法席位。1979年11月国际滑雪联合会接纳我国为临时会员国，1981年5月16日正式恢复我国的会员国地位。1980年2月我国首次参加冬季奥运会，即美国普莱西德湖举行的第13届冬季奥运会，参加了速度滑冰、花样滑冰、越野滑雪、高山滑雪和冬季两项的18个单项比赛，由于我国首次参加，与世界先进水平差距较大。从第13届冬季奥运会以后，随着国际交往的增加，引进了先进的场地设施和滑雪器材及技术，使我国高山滑雪运动开始和国际接轨，进入了新的发展时期。 1981年我国最早的场地设施现代化的大型综合性滑雪场在黑龙江省亚布力建成。 1994年3月我国首次在亚布力滑雪场举办了国际比赛——第4届亚洲青少年高山滑雪比赛。1996年2月又在亚布力滑雪场举办了第3届亚洲冬季运动会滑雪比赛。 在1996年以前，涉足高山滑雪运动的仅仅是运动员和驻我国外国使馆、商社的滑雪爱好者。近年来我国的大众滑雪运动发展迅速，滑雪人数逐年猛增，场地建设如火如荼。《全国冰雪场地设施建设规划（2015—2022）》提出，到2022年，全国滑冰馆数量不少于650座，其中新建不少于500座；滑雪场数量达到800座、雪道面积达到10000万平方米、雪道长度达到3500千米，其中新建滑雪场不少于240座、雪道面积不少于7000万平方米，雪道长度不少于2500千米。《冰雪运动发展规划（2016—2025）》提出，到2025年，我国参加冰雪运动的人数超过5000万，并带动3亿人参与冰雪运动。

续表

二、基本部分	一、滑雪运动的分类 从历史的角度，滑雪运动可以分为古代滑雪、近代滑雪和现代滑雪。古代滑雪仅限在行走和狩猎等日常生活和生产劳动的范围，后来逐渐发展到交通运输、通信和军事战争等广泛的领域。到了19世纪末，欧美各国开始组建滑雪俱乐部，近代滑雪运动逐渐开展起来。进入20世纪，随着战乱的平息、生活的安定、科学技术的发展、场地设施和器材的改进等多方面的因素，使现代滑雪运动得到了迅速的发展。现在的滑雪运动名目繁多、花样翻新、目不暇接。目前开展的滑雪运动大体上可分为实用滑雪、竞技滑雪、探险滑雪、大众滑雪四大类。 （一）实用滑雪 应用于日常生活、交通运输、通信和军事战争等领域里的滑雪运动叫实用滑雪。随着现代滑雪运动的兴起，现在实用滑雪逐渐被现代滑雪运动的竞技滑雪、大众滑雪和探险滑雪所取代。 （二）竞技滑雪 竞持滑雪是以竞赛为目的进行的运动。竞技滑雪要求运动员具备良好的身体条件和训练水平，经过长期的系统训练，争取在比赛中取得优异的成绩。 19世纪末到今天100多年来，竞技滑雪运动得到了飞速的发展。1924年国际滑雪联合会（FIS）成立，在当年举行的冬季奥运会中，滑雪项目仅有越野滑雪和跳台滑雪两个项目，现在冬季奥运会的滑雪项目，已经发展到八大项50多个单项。 （三）探险滑雪 为了超越自我、征服大自然、寻求刺激的探险滑雪，如极地滑雪、高原高山滑雪等，近年来探险滑雪已经逐步演变成为各种运动的竞赛项目。 1. 国际登山联合会的“登山滑雪” 登山滑雪是越野滑雪、高山滑雪、极限滑雪和攀登雪山技术综合的冬季户外运动，有垂直攀登、个人、团体和团体接力等竞赛项目。竞赛有欧洲杯个人赛、世界杯个人赛、欧洲杯团体赛、世界杯团体赛、世界锦标赛、国际公开赛等。 登山滑雪竞赛一般在海拔4000米以下、高度差在600～2000米的自然雪山上进行。登山滑雪的专用装备除了滑雪器材以外，还有雪崩示踪器、雪铲、不少于20公斤的背包等。 2. 国际定向运动联合会的“定向滑雪” 定向滑雪是从定向越野演变而来的运动项目，已经是国际定联的正式比赛项目之一，有个人、团体和接力比赛项目。 定向滑雪在东欧国家十分流行，许多世界优秀高山滑雪、越野滑雪和冬季两项的运动员又是定向滑雪的高手。 3. 世界极限运动会（X Games） 其分为夏季和冬季两个运动会，目前已经发展形成世界赛事，成为世界上受欢迎的运动盛会之一。极限冬季运动会滑雪项目有单板和双板的花样滑雪（Freeskiing）、空中滑雪（Big Air Snowboarding）、极限滑雪（Snowcross）等。其中曾经属于极限运动领域的单板滑雪的U型场地技巧和争先赛，已经列入冬季奥运会项目。

续表

	（四）大众滑雪 以健身和娱乐为目的进行的群众性滑雪运动，主要有高山滑雪、越野滑雪、单板滑雪等。大众滑雪在欧洲和北美洲开展得早，已经有上百年的历史，滑雪运动非常普及，其中位于欧洲阿尔卑斯山脉地区的法国，每年冬季滑雪的人数达700百万。在亚洲日本和韩国开展得比较早，其中日本在20世纪末的最鼎盛时期，滑雪人数曾经达到过1700万～1800万。其他国家到了20世纪的后期才逐步开展起来。目前我国的大众滑雪正处在迅速发展的阶段。我们这里着重介绍高山滑雪内容。 二、高山滑雪基本知识 （一）高山滑雪运动的特点 高山滑雪运动和登山、滑翔、冲浪等运动一样，是借助自然界的条件进行的体育运动。高山滑雪运动的特点归纳起来，主要有如下几点。 一是大自然中的运动。高山滑雪运动远离城市的喧闹和污染，置身于高山峻岭的林海雪原中，可以消除工作和生活中的劳累和烦恼，有利于身心健康。 二是季节性运动。高山滑雪是季节性的体育运动，冬天受寒冷天气的影响，减少室外活动的时候，高山滑雪是可以提高健康水平的冬季体育运动。 三是大众性运动。高山滑雪是利用滑雪器材，在山上向山下滑行的运动，既省力又有趣，不分年龄、性别、体质，男女老幼均可以参与的大众体育运动。 四是挑战性运动。高山滑雪起伏和曲折线路，使滑行在快速多变的条件下进行，有惊险、有刺激，富有挑战性。 （二）高山滑雪场地设施和器材 1.高山滑雪场 为了延长滑雪期和增加存雪量，选择山坡的阴面修建高山滑雪场。我国属于大陆性气候，冬季受西伯利亚寒流影响西北风较大，为了避风，我国滑雪场一般修建在北坡和东北坡。有规模的高山滑雪场线路较多，一般有几条或几十条线路。 大众滑雪场，根据线路的坡度和长度等难度分为初级、中级、高级滑雪道。 竞技滑雪场，根据比赛项目分为回转、大回转、超大回转、滑降、平行赛场地。 2.索道 索道是从山下到山上运送滑雪者的机械装置，是滑雪场为方便滑雪者滑雪硐装备的必备设施。索道有拖牵式索道、吊椅式1～4人座的索道、吊厢式数人至数十人座的索道等。其中吊椅式索道是最普遍的一种。应注意乘坐吊椅式索道的程序和要求，保证安全。 3.造雪机 造雪机是把水高压喷射雾化后，在外界冷空气的作用下变成雪的人工造雪机器。冬天积雪期短的地方或下雪少的时候，利用造雪机可以保证或延长滑雪期。 4.压雪车 压雪车是修整滑雪场地的专用车，压好的平坦雪道，可以保证滑雪者舒适地滑雪和滑雪安全 5.安全设施 为了及时救助意外受伤者，滑雪场要安排安全巡逻员和运送伤员的设备（雪橇等）。为了防止事故的发生，在容易发生事故的危险地段，设置安全标志和安全网，提醒滑雪者注意
三、结束部分	布置作业

高山滑雪（实践课）教案

授课班级：　　日期：　　年　月　日　授课教师：　　课时：第4次　课型：复习比赛课

课题		巩固提高同时推进、原地转弯和犁式制动技术课	
教学目标		熟练掌握提高雪感的练习方法 熟练掌握同时推进技术和犁式制动技术 能够在滑行中综合应用所学技术	
重点难点		重点：熟练掌握同时推进、原地转弯和犁式制动技术 难点：同时推进滑行时，双杖支撑位置、停止时的重心位置及控制速度	
场地及教具		雪场；手套、滑雪服、头盔、雪鞋、雪板、雪杖；门旗	
教学过程	内容安排与步骤	组织教法及要求	教学反思
一、开始部分 1.课堂常规（5分钟）	1.课代表整队、报数； 2.教师宣布上课、师生问好； 3.课代表报告出席情况； 4.教师检查学生服装，宣布本课内容，点名并安排见习生活动。	组织：密集队形二列横队 ×××××××××××× ×××××××××××× △ 教法：语言法 要求：注意力集中，快、静、齐。 见习生协助教师进行教学工作。	
2.准备活动（10分钟）	1.热身 （1）着雪鞋行进间侧并步跑 （2）着雪鞋行进间高抬腿 （3）箭步蹲上体旋转 （4）箭步蹲上体侧屈 （5）拉伸股四头肌提踵 2.各关节及柔韧性练习 （1）头部运动 （2）肩部运动 （3）腰部运动 （4）膝部运动	组织：二列纵队30米折返跑。 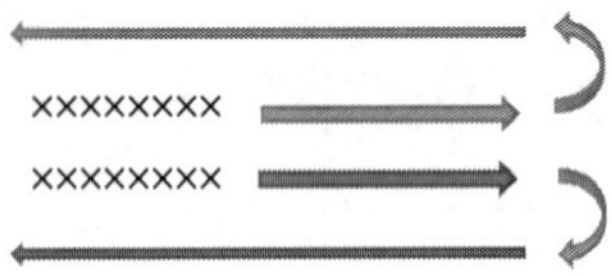 组织：二列体操队形。 ×××××××××××× ×××××××××××× △ 要求：认真完成活动	

二、基本部分（65分钟）	1模仿练习 1.1原地持杖同时推进撑杖模拟练习 在基本站姿基础上，双臂前上方摆动置头上后，上体前倾积极下压同时双臂下摆，屈膝下蹲，杖尖斜向下，双手经膝关节后，自然向后摆动。 注意事项：①脚跟不要提起 ②注意保持身体平衡 2摔倒与起立 3熟悉雪性 3.1持杖穿雪板原地踏步 3.2持杖穿雪板原地360°旋转 3.3持杖穿雪板板头固定板尾外旋360°旋转 3.4基本滑行姿势练习（高、中、低姿） 3.5同时推进练习 3.6单雪板滑行练习 4教学比赛 比赛名称30米同时推进团体赛 比赛规则 将全体学生分为4组，听到比赛开始哨音后第一排四名同学同时出发，到达第一面指示旗时用持杖穿雪板板头固定板尾外旋360°旋转的方法绕指示旗一周后继续向前滑行，当第一名同学通过本队第二面指示旗后，第二名同学出发。第一轮出发的同学从比赛区外侧返回到队尾。全队用时最短完成比赛的为第一名 5分组练习 四人一组根据比赛中自己感觉到不足的地方，自由练习，相互帮助	组织：二列体操队形。 ××××××××××××× ××××××××××××× △ 要求：前后两排面对面练习，学生左右间距要保持两雪杖距离，摆臂过程中雪杖不要过分外展。 组织：体操队形4列纵队 ×××××× ×××××× ×××××× ×××××× 教法：讲解示范后，注意技术动作的反复滑行，及时提示和指导。 要求：同时推进利用上体推杖，摆杖同时上体前引。 组织：体操队形4列纵队 ×××××× ×××××× ×××××× ×××××× 教法：讲解示范后，注意技术动作的反复滑行，及时提示和指导。 要求：同时推进利用上体体重下压推杖，摆杖后上体前引。 组织：体操队形4列纵队 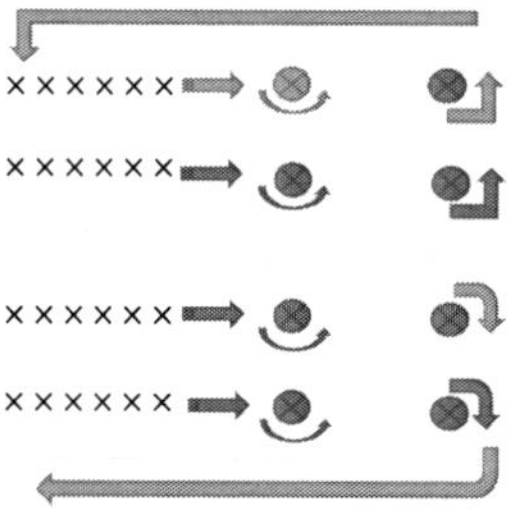 组织：体操队形4列纵队 ×	
三、结束部分（10分钟）	1.整理活动 2.本节课小结，布置作业 3.检查雪具，送雪具		

高校滑雪课程教案 二维码

第1次课 第2次课 第3次课 第4次课

第5次课 第6次课 第7次课 第8次课 第9次课 第10次课

第11次课 第12次课 第13次课 第14次课 第15次课 第16次课

第1次课 第2次课 第3次课 第4次课

第5次课 第6次课 第7次课 第8次课 第9次课 第10次课

第11次课 第12次课 第13次课 第14次课 第15次课 第16次课

第六章 冰雪运动常见运动损伤的预防与应急处理

第一节 头颈及腰背部

一、脑震荡

（一）初步诊断

头部外伤史，伤后有短暂意识障碍（晕厥或神志恍惚）。清醒后出现逆行性遗忘，即忘记受伤经过。血压、脉率、呼吸等均为正常。意识恢复后，伤者可有头痛、头晕、情绪不稳、注意力不集中、耳鸣、心悸、多汗、失眠、恶心等症状。

（二）应急处理

立即将伤者平卧，安静休息，注意身体保暖，头部可用冷水毛巾作冷敷。若伤员昏迷，可用手指掐点人中、内关等穴，以促使其苏醒。呼吸心跳停止者，应立即施行心肺复苏术，同时，要尽快请医生来处理或把伤员送至医院。转运时，伤者头颈两侧要垫妥固定，保持稳定。意识不清者，伤者可侧卧或把头转向一侧，避免发生窒息。

若伤员昏迷时间超过5分钟以上，或两侧瞳孔大小不对称，或耳、鼻有出血、流清水及咽后壁、眼球出现青紫，或神志清醒后剧烈头痛、呕吐，或出现再度昏迷，则可能合并颅内损伤或颅骨骨折，必须立即送医院。

（三）预防

遵守比赛规则；运动中要正确佩戴护具；科学训练，避免过度疲劳时进行高难度的项目训练；要掌握正确的技术动作。

二、颈椎骨折

当头颈部受到严重撞击，导致颈部无法自主活动，特别是出现四肢神经感觉异常时，首先考虑存在颈椎骨折的可能。由于颈椎骨折是一种非常严重的损伤，处理不当可造成高位截瘫，甚至造成死亡，所以应急处理时要非常谨慎。

怀疑伤者颈椎骨折，要有专业医生处理，其他人尽量不要移动搬运伤者。

如果专业医生无法马上到达现场，在搬运过程中务必使伤员头部固定于伤后位置，不能屈伸或旋转，数人合作将伤员抬至担架上，头部两侧用卷起的衣服垫好固定，用数条宽带把伤员缚扎在担架上。

三、急性腰扭伤

（一）初步诊断

当腰部突然发力或扭转时容易发生急性腰扭伤。或在负重条件下失足或被撞倒，空中落地时身体重心不稳等都可能发生急性腰扭伤。其病理主要包括腰部肌肉拉伤、骨盆及腰椎关节错位，也有直接造成腰椎间盘损伤或滑膜嵌顿的病例。

骨盆及腰椎关节错位。受伤后错位关节附近剧烈疼痛，腰部活动严重受限。蹲起或上下床非常困难。整个腰部肌肉均处于紧张僵直状态，行走时手扶腰，步态迟缓。疼痛位置较深，压痛点在错位的骶髂关节、椎间关节或棘突间隙。

肌肉拉伤。多为单侧拉伤，患处隐痛，局部压痛，随意运动受限，腰部肌肉僵硬，躯干多倒向肌肉拉伤一侧。伤者俯卧于床上，抗阻背屈，受伤部位出现疼痛。

（二）应急处理

骨盆及腰椎关节错位者，需及早到医院进行手法复位或牵引治疗，否则易形成慢性腰痛或习惯性腰椎错位。

肌肉拉伤者，伤后局部即刻冰敷，以防止局部肿胀并可减轻疼痛。卧床休息时，腰部垫一薄枕，使肌肉及韧带放松。

（三）预防

（1）加强腰部肌肉力量练习，特别是提高腰部核心肌肉稳定性练习，常用的方法有平衡垫运动、桥式运动、平板支撑等。

（2）平衡腰腹部肌肉力量，防止腹肌力量过大或张力过高。

（3）运动前要做好准备活动，特别是腰部肌肉的拉伸练习和腰部关节的灵活性练习。

（4）在腰部用力时一定要注意力集中，这是防止急性腰扭伤的关键。

（5）掌握正确的腰部用力方法，搬提重物时尽量屈膝下蹲，避免出现直腿弯腰的提拿动作。禁止在极度疲劳的情况下坚持运动。

四、胸腰椎骨折

如果怀疑有胸腰椎骨析时，尽量避免移动，以免损伤脊髓，造成严重后果。将硬质担架置于伤者一侧，一人稳住头，再由多人协同用力把伤者平移至担架上，取仰卧位，用数条宽带将伤员缚扎于担架上。若为软质担架，则让伤员采取俯卧位，脊柱伸直，送至医院。

第二节 肩部及上肢

一、肩关节脱位

（一）初步诊断

在运动过程中，运动员摔倒撑地或上臂在外展位突然过度背伸或过度外旋时，有时会发生肩关节前脱位。损伤后，伤者肩关节疼痛，活动受限。关节周围明显压痛。上臂弹性固定于外展25°～30°强迫体位，不能紧贴胸壁。三角肌隆起消失，肩峰凸出。患侧手不能触到健侧的肩部。触诊时可发现肩峰下有凹陷，锁骨下或喙突下可摸到肱骨头。

（二）应急处理

用三角巾做成大悬臂带把前臂悬挂胸前。然后尽快送医院复位。等待过程或送医途中，肩部可采用冰敷，以起到防肿止痛的效果。

二、锁骨骨折

（一）初步诊断

侧向摔倒，肩部直接撞击地面（冰面）时，容易造成锁骨骨折。两侧比对，在骨折位置可见明显的错位畸形。局部疼痛，上肢活动受限。局部触诊断端有活动感。

（二）应急处理

在双肩腋下填上软布团，准备三条宽布带，其中两条分别缠绕肩部打结，另一条把前面两条拉紧在背后打结。绑带要有一定紧张度和牵拉力，以防止锁骨骨折端出现重叠。然后将伤肢悬吊于胸前。

三、肱骨干骨折

（一）初步诊断

当身体摔倒手撑地或上肢受到钝器打击时，可造成肱骨干骨折。伤后患肢无法抬起。按压肱骨干损伤部位有明显压痛。与肌肉拉伤相比，骨折引起的肿胀多局限。叩击肱骨内外髁时，伤处可有骨传导痛。如果有骨折端错位，则出现肱骨畸形。

（二）应急处理

屈肘90°，用两块长短宽窄适宜的有垫夹板，分别放在伤臂的内、外侧，要求外侧的夹板要跨越肩肘两个关节，内侧夹板上至腋窝，下至肘部。用3～4条宽带将夹板和骨折的肱骨绑缚固定，再把伤臂悬吊在胸前，最后用宽布带将伤臂和胸廓固定在一起。

四、肩锁关节损伤或错位

（一）初步诊断

伤者多有肩部直接撞击地面的受伤史。伤后肩锁关节部位疼痛逐渐加重，上肢不能下垂，也不能提拿重物。肩外展或上举时疼痛。局部肿胀压痛明显。如有脱位则局部出现畸形。

（二）应急处理

（1）伤者只有局部软组织损伤。可用三角巾悬吊患肢（大悬臂带），送医治疗。

（2）伤者发生肩锁关节韧带断裂，多出现锁骨肩峰端上移位。取15厘米宽的弹力带，经肘、锁骨纵行环绕，使锁骨下压，兼有复位和固定作用。缠绕时，肘及锁骨部应各垫棉垫一块。然后用几条宽布带把患肢和胸廓固定在一起，并防止弹力带脱落。最后把前臂悬吊。

（三）预防

从事易伤项目的运动员必须注意全面训练，正确运用滚翻保护动作，防止肩锁关节受到异常撞击。身体疲劳时不宜进行高难度训练。

五、肱二头肌拉伤和长头肌腱损伤

（一）初步诊断

（1）当肱二头肌紧张或疲劳情况下，突然发力或受到牵拉即可造成肌肉拉伤，也可以造成长头肌腱损伤或断裂。

（2）受伤瞬间大多有组织断裂感。

（3）受伤局部压痛、肿胀，长头肌腱损伤压痛点在结节间沟。

（4）肱二头肌用力抗阻收缩时，损伤部位出现疼痛。

（5）如果长头肌腱断裂，肱二头肌腹会收缩成球状，且张力较低。

（二）应急处理

损伤局部先缠绕两层绷带进行加压包扎，在绷带外面放置冰袋冰敷。20～30分钟后取下冰块，小悬臂带悬吊上肢休息。注意，缠绕的绷带不宜太紧，防止造成末端肢体缺血坏死。对于有长头肌腱断裂的伤者，悬吊伤肢后尽快送医院处理。

（三）预防

（1）控制肱二头肌运动量，防止出现过量运动，造成肌肉微细损伤积累。

（2）运动后要及时放松肱二头肌，对于明显僵硬和疲劳的肌肉要进行康复训练，并采用拉伸、针刺等康复措施。

(3) 如果出现肱二头肌长头肌腱损伤和肿胀现象，应停止屈肘和肩关节前屈等运动，最好悬吊上肢以减少肱二头肌的活动。

六、肘关节脱位

(一) 初步诊断

肘关节过伸或外展动作是造成肘关节脱位的主要原因。肘关节脱位时，关节保持在半屈曲弹性体位，不能完全屈曲或伸直。前臂缩短，鹰嘴高凸且偏斜，鹰嘴两侧出现明显凹陷。

(二) 应急处理

用铁丝夹板弯成合适的角度，置于肘后，用绷带缠绕固定，再用小悬臂带悬吊上肢。如无铁丝夹板，可直接用大悬臂带包扎固定。

七、肘关节内侧软组织损伤

(一) 初步诊断

肘关节突然被动外翻或过伸易造成内侧软组织损伤。多发生于各种投掷动作。局部肿胀，压痛。重复受伤动作时疼痛剧烈。前臂旋前抗阻痛或抗阻屈腕痛。患肢伸直，检查者一手抓握患者手腕，另一手推顶肘外侧时伤处疼痛明显，如果伤肢肘关节侧向活动度比健侧明显增加则提示韧带完全断裂。

(二) 应急处理

损伤即刻局部加压包扎，冰敷降温。韧带完全断裂者需要尽快就医。

(三) 预防

掌握正确的技术动作是预防该伤的关键。进行投掷动作时，注意屈肘角度应大于90°。运动前做好准备活动。加强肘部肌肉及腕部肌肉的力量练习。

八、肘后滑膜损伤

(一) 初步诊断

当肘关节突然暴力过伸时，可以造成肘后滑膜损伤。肘关节过伸痛或过伸受限。检查者一手握住患者前臂，另一手拇指尖将关节外侧的受伤滑膜按入关节间隙，同时将肘伸直，这时伤部多出现剧痛。

(二) 应急处理

局部加压包扎和冰敷。悬吊上肢固定，防止出现伸肘动作。

（三）预防

掌握正确技术动作，防止肘关节过伸是预防肘后滑膜炎的关键。及时矫正肘关节错位，若有肘后滑膜增厚和嵌顿的情况要积极治疗。

九、前臂骨折

用两块有垫夹板分别放在前臂的掌侧和背侧，夹板要跨越肘关节和腕掌关节，屈肘90°，拇指朝上。用3～4条宽带捆扎固定夹板，再用大悬臂带把前臂悬吊在胸前。

十、掌骨或腕骨骨折

用一块有垫夹板放在前臂和手的掌侧，手心握一纱布团，用绷带把夹板和前臂及手腕缠绕固定，然后用大悬臂带把伤臂挂于胸前。

十一、腕软骨及腕部韧带损伤

（一）初步诊断

腕关节突然过伸撑地时，容易伤及腕软骨及腕关节韧带。腕关节后伸受限，撑地时疼痛，局部压痛和肿胀。如合并腕软骨错位多表现为后凸畸形。

（二）应急处理

伤后迅速固定，加压包扎并冷敷。20～30分钟后停止冷敷，用20厘米长的托板放于腕掌侧固定以限制手腕活动。

（三）预防

做好准备活动，禁止出现腕关节过伸动作。提高腕部肌肉的力量，在进行有损伤风险的体育运动时，可以佩戴护腕加以保护。伤后锻炼要循序渐进，在治愈前运动时，需用5～6厘米宽的布带缠紧腕部，限制其活动范围，以减轻症状和避免再度受伤。

十二、掌指关节和指间关节损伤及脱位

（一）初步诊断

（1）关节遭受过伸、扭转或侧方挤压时可造成侧副韧带损伤或完全断裂。

（2）掌指关节脱位。患处疼痛、肿胀、功能丧失。指间关节屈曲，掌指关节过伸成角畸形。掌侧高凸隆起，在掌侧皮下可摸到脱位的掌骨头。手指缩短。

（3）指间关节脱位。伤后关节呈梭形肿胀，侧弯畸形，疼痛、局部压痛，并弹性固定。若侧副韧带完全断裂，则出现明显侧方活动。

（二）应急处理

对于掌指关节脱位，先行手法复位。一手抓握手掌，另一手抓握手指，沿着脱位后的指骨方向对抗牵拉，逐渐加力，大多可复位成功。然后加压包扎结合局部冰敷。如果指间关节侧副韧带断裂造成的畸形，应把受伤手指与相邻的手指固定在一起，也可以用小夹板固定伤肢于正常位置。对于单纯性关节韧带损伤只需加压包扎和冰敷。

第三节　臀髋部及下肢

一、股骨骨折

当发现伤者为股骨骨折时，首先用双手抓握患肢脚踝轻轻向远端拉伸至两腿等长，再将2块长夹板分别放在伤肢的内、外两侧。内侧夹板长度自大腿根部至足踝；外侧夹板自腋下至足踝。然后用5～8条宽带固定夹板，最后把伤腿和健侧腿绑缚到一起。

二、股四头肌挫伤

（一）初步诊断

当大腿前侧受到钝力冲撞时容易造成股四头肌挫伤。局部明显肿胀和压痛。膝不能伸直，跛行。上楼和站起时疼痛加重。严重的股四头肌挫伤可出现大面积的肿胀，需要借助拐杖才能行走。

（二）应急处理

伤后应立即进行局部加压包扎，并使用冰袋降温。然后局部制动并抬高患肢。

（三）预防

训练或比赛时要遵守规则，并佩戴合适的护具。

三、腘绳肌拉伤

（一）初步诊断

（1）多为向前跨步或向前大幅度踢腿动作时拉伤肌肉。

（2）拉伤瞬间患者往往有组织断裂感或局部被击打感。

（3）患者受伤后，抬腿或跨步时腘绳肌有明显的疼痛。

（4）局部压痛明显，断裂严重者局部触诊可以有凹陷。

（5）损伤局部肿胀逐渐加重。

（6）抗阻屈膝试验，在腘绳肌用力收缩时损伤部位会出现明显疼痛。

（二）应急处理

伤后应立即停止运动，局部进行加压包扎和冷敷，冷敷时间一般为20～30分钟。

患者休息时应取仰卧位，伸直膝关节，并把患者小腿垫高，保证受伤肌肉处于拉长状态，以减少肌肉挛缩或粘连，并可预防习惯性腘绳肌拉伤。

（三）预防

（1）在剧烈运动前，要做好充分的准备活动，使身体发热，准备活动时应采用动态拉伸方法放松并唤醒肌肉。

（2）运动结束后，要尽快彻底地消除腘绳肌疲劳，经常采用的肌肉静态拉伸效果较好。

（3）正确掌握跑、跳的技术要领。

（4）遵循运动训练的基本原则，防治腘绳肌过度疲劳。

（5）注意运动环境的温度、湿度和运动场地情况，运动间隙要注意身体的保暖。

（6）对于有腘绳肌拉伤史的运动员需要完全康复后才能进行全负荷训练。

四、大腿内收肌拉伤

（一）初步诊断

（1）多为横叉或侧踢腿时发生内收肌拉伤。

（2）拉伤时会在大腿内侧出现剧烈疼痛，严重者有组织断裂感。

（3）患者受伤后，侧踢腿或跨步时大腿内侧会出现疼痛。

（4）局部压痛明显，可伴有肿胀。

（5）大腿内收肌抗阻内收时，损伤部位疼痛明显。

（二）应急处理

伤后应立即停止运动，局部进行加压包扎和冷敷，冷敷时间一般为20～30分钟。伤后让内收肌处于拉伸状态下休息。

五、膝关节内侧副韧带损伤

（一）初步诊断

（1）人体落地重心失稳、冲撞、技术动作错误等容易造成膝关节内侧副韧带损伤。

（2）伤后膝关节内侧疼痛、压痛，继而出现局部肿胀，膝关节伸直时疼痛加重。可继发关节积液。

（3）一手顶住膝关节外侧，另一手抓住脚踝，两手对抗用力可引发出现膝关节内侧疼痛。如果膝关节外翻活动范围明显增大，则考虑韧带完全断裂。

（二）应急处理

局部绷带加压包扎，膝关节内侧冰敷20～30分钟。然后保持膝关节屈曲状态下休息，防止因韧带损伤造成关节松动。怀疑韧带断裂者要尽快就医。

（三）预防

充分的准备活动。文明比赛。掌握正确的技术动作。运动场馆地面平整和光滑度符合运动项目要求。积极治疗慢性膝关节疼痛和功能障碍，加强膝关节本体感觉训练。对于膝关节失稳的患者，运动时应采用保护支持带加固。

六、半月板损伤

（一）初步诊断

（1）膝关节突然屈伸并扭转时易导致半月板损伤。

（2）伤后膝关节立即出现剧烈疼痛和屈伸功能障碍，关节迅速肿胀。

（3）损伤严重者膝关节屈伸时会伴有弹响或“绞锁”。

（4）关节间隙挤压痛对诊断半月板损伤有重要临床意义。

（二）应急处理

在膝盖周围用海绵填充凹陷后再用绷带加压包扎，防止膝关节积液大量产生。半月板损伤部位冰敷20～30分钟，然后保持膝关节舒适状态下休息。

（三）预防

运动前做好准备活动。掌握正确的技术动作。身体疲劳时不应参加剧烈运动。加强下肢肌肉力量训练，提高膝关节的稳定性。遵守比赛规则，文明比赛。运动场地要符合体育卫生要求。彻底治疗膝关节各种慢性病症。伤病初愈恢复训练时，要遵守循序渐进原则，以防再伤。

七、髌前滑囊急性损伤

（一）初步诊断

多为膝部突然跪地造成髌骨撞击地面。髌前出现疼痛、压痛和肿胀，膝关节屈曲痛和站立行走痛。

（二）应急处理

急性滑囊炎应立即制动，局部加压包扎和冷敷。对于怀疑有髌骨骨折的患者要尽快送医治疗。

（三）预防

对于可能造成髌前滑囊损伤的运动项目，训练或比赛时可以佩戴护具。

八、小腿骨折

当运动员发生小腿骨折时，用2块有垫夹板放在小腿的内、外侧，夹板长度要跨越膝关节和踝关节，用4～5条宽布带固定夹板，以保持膝关节和踝关节的稳定。

九、胫骨挫伤与血肿

（一）初步诊断

胫骨前侧受到硬物撞击后出现剧烈疼痛，伤后疼痛慢慢缓解，继而伤处出现明显血肿，触诊局部有压痛和波动感。

（二）应急处理

如在比赛中受伤，应立即以弹力护腿压迫后重返比赛。如可以离开场地，应以氯乙烷喷涂降温止血，然后局部放海绵垫再以弹力绷带压迫止血并局部抬高，卧床休息。血肿明显的应立即送医。

（三）预防

对于容易发生胫骨挫伤的运动项目，应正确使用专业护腿。

十、小腿三头肌拉伤

（一）初步诊断

（1）踝关节用力踏跳或后蹬动作，以及从高处跳下，脚尖着地时，易造成小腿三头肌拉伤。

（2）多数患者肌肉拉伤时局部有组织断裂感或被击打感。

（3）提踵或踝关节后蹬时疼痛，局部压痛，断裂严重者触诊局部可有凹陷。

（4）踝关节抗阻跖屈试验，在小腿三头肌损伤部位出现明显疼痛。

（二）应急处理

绷带加压包扎，冰敷20～30分钟。然后让患者膝关节伸直，踝关节屈曲90°休息，这个体位可以有效防止肌肉挛缩或粘连。

十一、跟腱断裂

（一）初步诊断

（1）踝关节用力踏跳或后蹬动作，以及从高处跳下，脚尖着地时，易造成跟腱断裂。

（2）患者损伤即可感觉跟腱有被击打感，触诊可见跟腱位置出现凹陷，小腿三头肌肌腹上移成球形。

（3）跟腱断裂者不能产生踝关节跖屈动作。

（4）小腿三头肌用力可见肌腹上移。

（二）应急处理

跟腱断裂者应尽快就医。

（三）预防

注意小腿三头肌的放松，在每次训练后都要拉伸小腿三头肌。对于小腿三头肌僵硬的运动员，要及时就医治疗和进行康复训练。运动鞋要和脚，减少运动鞋对跟腱的过度摩擦和挤压。足部适当保暖。运动前要做好准备活动。如果发现有跟腱疼痛的症状，跑跳运动中要及时改为全脚掌着地，并采取积极有效的治疗措施。

十二、足跟挫伤和压缩性骨折

（一）初步诊断

足跟受到外力突然撞击或多次坚硬地面上跑跳可以致伤。伤后因疼痛足跟不敢着地负重。部分患者足跟部出现轻度肿胀。检查时足跟部压痛锐利。

（二）应急处理

急性损伤后局部冰敷，垫足跟杯、专用鞋垫或海绵垫。减少足部负重或刺激。

（三）预防

场馆地面要符合卫生要求。正确的跑跳动作和质量良好的运动鞋是预防该伤的关键。适当加强小腿三头肌的力量，也有一定的预防效果。

十三、踝关节外侧韧带损伤

（一）初步诊断

（1）有典型的足部内翻或旋后损伤史。

（2）伤后踝关节外侧疼痛、肿胀，走路或踝关节活动时疼痛明显。

（3）压痛主要出现在距腓前韧带、跟腓韧带和外踝尖部位。

（4）如果合并关节错位，出现跛行，走路时足部不敢放平着地。

（5）踝关节内翻旋后试验，引发伤处疼痛。

（二）应急处理

伤后立即用拇指压迫痛点（韧带的断裂部）止血，如有条件，可用冰敷或氯乙烷喷湿的棉花球压迫以加速止血。然后，寻找大的棉花块或海绵垫加压包扎，抬高患肢。如果怀疑有关节错位或韧带断裂的伤者要尽快就医治疗。

（三）预防

做好准备活动。场地设施符合卫生安全要求。运动鞋或护具要符合项目特点。加强踝足部肌肉力量训练，提高踝关节的稳定性。对习惯性踝关节扭伤患者要彻底治疗和康复。

参考文献

[1]李捷．冰雪运动进校园面临的困难及解决对策[J]．体育教学，2018（7）．

[2]王静，温融．坚持我国冰雪运动的文化自信[N]．中国体育报，2017-12-08：（3）．

[3]庞博韬，刘俊一．冰雪运动进校园的价值与实施路径[J]．体育文化导刊，2019（1）:3.

[4]张文博．冰雪运动进校园 共筑冰雪强国梦[J]．当代体育科技，2018（7）：21-23.

[5]夏焕春．冰雪校园 助力冬奥[J]．中国学校体育，2018（2）：16-18.

[6]马正辉，张良祥．“冰雪进校园”制约因素及对策研究[J]．科技视界，2018（10）．

[7]王石安．雪上运动（全国体育院校通用教材）[M]．北京：人民体育出版社，2012.

[8]朱志强．冰上运动（全国体育院校通用教材）[M]．北京：人民体育出版社，2012.

[9]臧克成，刘杨，鹿国晖．冰雪运动损伤与防护[M]．北京：化学工业出版社，2018.

[10]李佩聪．校园冰雪运动文化建设与发展战略研究[M]．长春：吉林出版集团股份有限公司，2021.